アプリ時代のタクシーの乗り方

著・東《ひがし》一《はじめ》
監修・島崎敢

Start Now

■はじめに■

「タクシーの乗り方」など人に教えてもらうほどのことではないと、ほとんどの方が思われるでしょう。しかし多くの方は、乗りたい時にタクシーが捕まらない、短距離での利用で気まずい思いをした、遠回りされて余計な運賃を支払わされたといった、タクシー利用にまつわる不愉快な経験をお持ちではないでしょうか？ 実はこうしたことの一部には、利用者の方がタクシー事業の基本条件（真の姿）を知らないことから起きている場合もあるのです。タクシーは公共交通機関であり、お金を払い一時的に旅客輸送の車両を占有利用しているだけで、あなた専用のドライバー付きの自家用車とは違います。タクシーには様々な規制や制約があることを知っておくと、機能をフル活用できるはずです。本書に記載のタクシーの基本情報を知ることで、今後、より快適にタクシーが利用できれば幸いです。

新型コロナウイルスの感染拡大で、タクシー業界は大きな打撃を受け、それにともなって多くのタクシードライバーが辞めていきました。そしてタクシー需要が戻ってきた今でも、なかなかドライバーの雇用が追い付かず、全国的にタクシー不足となり社会問題化してきています。実は新型コロナウイルス感染拡大になる以前からタクシードライバーの成り手不足は慢性化しており、どのタクシー会社も稼働率が低下し、タクシー車両が車庫で眠っている状態でした。

そもそも日本ではタクシードライバーの社会的地位が低く、何らかの事情を抱えた中高年失業者の駆け込み寺的な職業と多くの人に思われてきていました。私自身も、残念ながら事業に失敗し、会社の整理を行うことになりました。その困難な時期に、生活のために何かできないかと模索していた時、タクシードライバーの仕事と出会いました。この経験が、本書を執筆するきっかけとなったのです。求人広告の上では性別・年齢不問とあっても、実際には60歳を過ぎた人を雇い入れるところはそう多くはありません。ハローワークに行ってみても、年齢や経歴を問わずという求職票はあくまで建前であり、各種工事現場の整理スタッフなど、3K（きつい、汚い、危険）の仕事しか、実際のところは残されていないのが現実でした。その中でも、比較的採用間口が広いのがタクシードライバーでした。むしろ中小のタクシー会社は積極的に中高年の雇用に門戸を開いていた数少ない業種でした。

しかし第二種免許取得とお客様との対応作法（業界用語では接遇といいます）などタクシー乗務に必要な訓練を受け、実際の乗務に付いてドライバーとして定着するまでには、相当数の脱落者が出ていました。人の命を預かるタクシードライバーの仕事は責任重大で、隔日勤務（ほぼ一日通しで勤務し、翌日は休息するタクシーに固有の勤務形態）は思いのほか激務でした。さらに当時は、東京などの大都市では地理テスト（2024年2月29日で廃止）もありました。やっとのことでタクシー乗務が始められても、わずか数ヶ月の内に接客ストレス（客からの理不尽なクレームなど、今ではカスハラともいいます）で退職するものが、私の働いていた職場では特に若者や女性中心にかなりの割合で発生していました。さらに交通違反で点数がなくなり、免停となってしまう方も少なくありません。一般ドライバーの何倍もの走行距離を、混雑した繁華街を中心に走るタクシーは、交通取り締まりにあう確率も、新人ドライバーでは段違いに高いのです。こうした過酷な環境にもめげずに、一人前の職業ドライバーとして続けることができる方は、私が在職した比較的条件のよい準大手のタクシー会社でも、3年間で入社時の半数以下に減っていました。もともとは高齢者に成り手が多かったタクシードライバーが、新型コロナ感染問題では、罹患の危険度も高いため、応募者が激減し、離職者も急増しました。都市部のタクシー会社はこぞって若年層や女性、さらには地方へと、求職の範囲を拡大しています。制度面でも政府は第二種免許の取得条件を緩和するなどして対応しています。応募者も増えてはいますが、退職者のほうが依然多いため、今はまだタクシードライバーの補充がコロナ前までの水準には追い付いていないのが実態です。タクシーに限らず日本の産業界は今空前の人手不足なのです

こうした環境にありながら、これからの日本はむしろタクシーの需要が増大する構造にあります。まず高齢者が急増することで運転免許の返納者が急増します。さらに外国人旅行者の増大、全国的なバス路線の縮小など、タクシーの潜在需要は大きいといえます。しかし全国的にタクシーの供給が追い付いていません、こうした環境下では、賢いタクシーの利用法は生活防衛策のひとつなのです。

今までのタクシー関連の本は、タクシードライバーのよもやま話的なエッセーか業界暴露本、もしくは

タクシーを舞台にした小説などで、実際のタクシー利用法について利用者（乗客）と提供者（タクシードライバー）の両方の立場から分析されていた実用書はなかったと思います。タクシーを日常的に多用していた私が、くしくもタクシードライバーとなり、二つの側面からタクシー業界を俯瞰できることになったことで、本書が実現できました。

日本のタクシーにもタクシーアプリが登場して、大きく利用法が変化しはじめています。２０２４年からは、「日本版ライドシェア」の運用が始まりました。それ以外にも日本のタクシー業界は、新しいサービスを加え、日々変化しています。そうした今の日本のタクシーの全体像を知ってもらえるよう、本書では利用者の立場から、タクシー利用に関して知りたい情報をコンパクトに整理しました。読者の皆様が今まで知らないでいたタクシーの基本的な情報を、本書を読んで知り、より快適なタクシー利用法（タクシーの乗り方）を会得することを願ってやみません。ぜひ最後までおつきあいください。

２０２４年10月

東《ひがし》　一《はじめ》

目次

第3章　タクシー利用者の疑問とその真実

How to take a taxi

第1章

日本のタクシー業界で今起きていること

新型コロナウイルスの感染拡大によってタクシー業界は大きな不況に見舞われると同時に、それまで潜んでいた様々な問題や課題が顕在化しました。新型コロナウイルスの感染状況が改善に向かう中、タクシー業界は深刻なドライバー不足に直面しています。内閣府の資料によると、2022年のタクシードライバーの有効求人倍率は4.13倍と、全産業平均の3.2倍で、2012年からの10年間で40%（14万９千人）も減少しました。その背景には、日本全体の労働市場の逼迫や業界特有の待遇問題等が影響していると考えられています。一方、大都市での外国人観光客の増加や都市部でのタクシー不足に対応するため、国土交通省主導で2024年4月から「日本版ライドシェア」の導入が開始されました。この制度は従来のタクシーサービスとは異なる点があり、業界内外で賛否両論があります。まずは、この混迷するタクシー業界が抱えている問題と複雑に絡んだ周辺の状況を読者の皆様がわかりやすいように説明してみたいと思います。

日本のタクシー業界で今起きていること①
コロナ禍で激減したタクシードライバー

新型コロナウイルスの感染拡大以前から、タクシードライバーは全国的に長期にわたり減少傾向が続いていました。人数的には2010年からの12年間で14万9千人、率にして4割も減少しています。こうしたトレンドにあっても比較的高収入だった東京地区は、コロナ以前の数年間（2016―2018年）は、ドライバーの減少がほぼ横ばいでした。（＊1）ところが2020年以降新型コロナウイルスが感染拡大した2年間は、減少率が単年度で7％を超え、タクシードライバー不足が深刻な状態に陥りました。この傾向は全国でも同じで、2020年は単年で8％を超える減少となりました。最新情報では東京地区は2023年に入り、ドライバーが戻ってきて増加に反転していますが、絶対数ではコロナ以前の水準までは戻っていません。

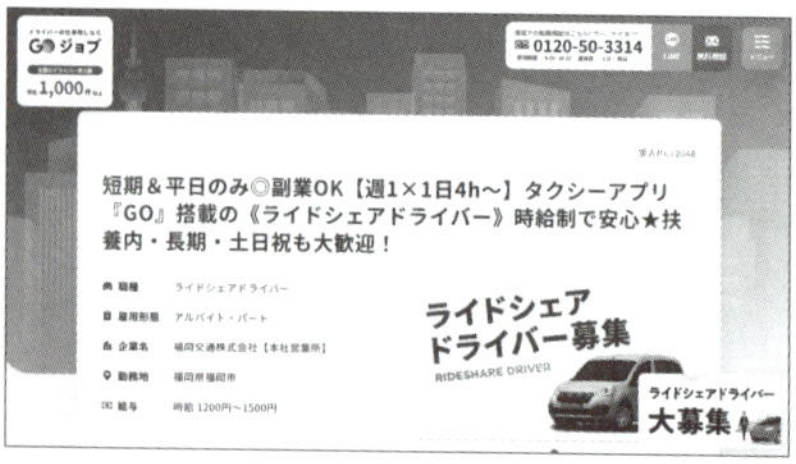

◀「日本版ライドシェア」ドライバーのネット求人広告
ネット検索すると最近は「日本版ライドシェア」ドライバーの求人広告がよく表示されます。

●「2024年問題」の影響

過労死など日本の過重労働問題がここへきて「2024年問題」として是正されようとしています。「2024年問題」とは、2024年4月より、

＊1：タクシー乗務員数（運転者証交付数）の推移（P15参照）

自動車の運転業務の時間外労働に年960時間の上限規制が適用されること等により、何も対策を講じなければ、2024年度には14%、2030年度には34%の輸送力全般が不足する可能性がある事態のことです。さらにコロナ禍で急に使われるようになった「エッセンシャルワーカー」で定義される「生活必須職従事者」は、厚生労働省の定義によると、医療従事者、介護職員、小売店員、配送業者、公共交通機関の従事者などが含まれますが、2022年の同省の調査によれば、これらの職種の平均年収は全産業平均の約80%にとどまっています。例えば、介護職員の平均年収は約320万円で、全産業平均の約436万円を大きく下回っています。今後こうした「エッセンシャルワーカー」の待遇改善が進むことが期待されます。対して、タクシードライバーの勤務条件は、従来から他の自動車の運転業務より厳格で、今回「2024年問題」の影響を受けることはほとんどありません。むしろ条件面では、他の分野のドライバーの転職先として注目されています。

●タクシードライバーの待遇

東京地区では2023年はタクシードライバーの減少に歯止めがかかり、数十年ぶりに増加に転じました。また同じく東京地区のタクシードライバー

◀東京のタクシー（JR新橋駅付近）2023年に入り東京地区のタクシードライバーは増加に転じました。

の推定年収額は、２０２３年に全産業平均を初めて上回りました。もっとも全産業平均が大幅に下落傾向にあっての比較です。こうした明るいニュースは、インバウンド需要が拡大する東京地区に限定されます。全国平均ではタクシードライバーの労働条件は、他産業との比較（２０２３年度データ）でかなり低い水準に留まっています。まず労働時間では全産業平均の１８２時間に対し１８９時間、年間の賃金水準（男性）も全産業平均５６９・８２万円に対し、４２０・０８万円です（＊２）。こうした背景からも今後もタクシードライバーの不足状態は全国的には続くと思われます。これに対し運輸当局では、様々な緩和策を実施してきています。その例として２０２２年５月から、19歳以上かつ第一種免許取得後1年以上経過者が第二種免許を取得できるようになりました。また第二種免許に係る運転免許学科試験について、警察庁が試験問題例を20言語に翻訳して、その言語での受験が可能になってきています。さらに外国人在留資格特定技能1号の特定産業分野への自動車運送業の追加が閣議決定され、外国人ドライバーの人材確保が推進されています。

＊2：ＴＡＸＩ ＴＯＤＡＹ in Ｊａｐａｎ ２０２４（全国ハイヤー・タクシー連合会）

◀地方都市のタクシー乗り場（２０２４年5月札幌）
観光時期（5月連休）でも地方ではタクシー不足にはなっていませんでした。

タクシー乗務員数（運転者証交付数）の推移

年度	全国	増減率	東京都	増減率
2015	301,911	-6.83%	68,692	(*)
2016	289,373	-4.15%	68,217	-0.69%
2017	281,570	-2.70%	68,017	-0.29%
2018	273,126	-3.00%	67,360	-0.97%
2019	261,671	-4.19%	64,554	-4.17%
2020	240,249	-8.19%	59,679	-7.55%
2021	221,849	-7.66%	55,391	-7.19%
2022	214,972	-3.10%	53,656	-3.13%
2023	(*)	(*)	55,962	4.30%

*比較対象データなし　　TAXI TODAY in Japan 2024及び東京タクシー白書2024のデータより著者作成

まとめ

❶２０２０年以降新型コロナウイルスが感染拡大した２年間はタクシードライバーの減少率が単年で7～8％となり、タクシードライバー不足が深刻な状態に陥った。東京は反転してきているものの、コロナ以前の水準には達していない。

❷「２０２４年問題」では従来から厳しい労務条件であったタクシードライバーへの影響は軽微。

❸タクシードライバーの労働条件は全国平均では、他産業との比較（２０２３年度データ）で依然かなり低い水準に留まる。

日本のタクシー業界で今起きていること②
増加傾向にあるタクシー会社の経営破綻

新型コロナウイルスの感染拡大状況が改善に向かう中、タクシーの需要が高まってきているにもかかわらず、タクシー会社の経営状況の回復はまだら模様です。コロナ禍で一旦離れたドライバーの職場復帰が思うように進まないことに加え、需要回復に関しては地域差も大きく、タクシー事業者の多くがコロナ以前の水準まで業績回復に至っていないようです。それ以上に、長年の低収益が蓄積して経営破綻に至る会社が増加しています。信用調査会社（帝国データバンク）が発表しているレポート（＊1）によると、2023年度タクシー会社の経営破綻はこの10年間で最悪の状態です。これは2023年までの統計であり、2024年4月には、名古屋の中堅タクシー会社である「毎日タクシー」が倒産。その一社の負債総額だけでも27億円と2022年度の業界全体の倒産負債（＊2）の半分以上あり、2024年度は過去最高の倒産実績になりそうです。

もともとタクシー事業者の7割は車両台数が10台以下の零細企業であり、経営基盤は脆弱です。しかも認可事業であるため運賃や営業地域等で経営上

◀那覇市中心部のタクシー乗り場　レンタカーに押され気味で以前より需要減で精彩がありません。

＊1：帝国データバンク（2024年4月3日）：「タクシー業」の倒産発生状況についての調査・分析
＊2：東京商工リサーチ（2023年2月4日）TSRデータインサイト
＊3：参照報道資料：神奈川県三浦市（神奈川新聞2024年6月12日）、青森市（東奥日報2024年8月26日）等

の制約が多い社会性の高い公益事業です。今まででも厳しい経営条件にある中、さらにライドシェアなど新しい移動手段が出現されたなら、これまでとは異なる競争にさらされます。タクシー業界側の主張にあるように、タクシー事業そのものが崩壊してしまうことが懸念される論調が流布されています。実際に「日本版ライドシェア」を導入した地方の反応としては、地方ではタクシーアプリの普及が伴っていないことに加え、「日本版ライドシェア」の適用営業時間帯が極めて短いため、非常に低調です。競合以前の状況とする報道（前頁＊3）が多く、大きな問題とはまだなっていません。むしろ、乗客のほうがライドシェアに対しては厳しい反応（＊4）を示しています。

最近10年間の全国タクシー会社の倒産件数

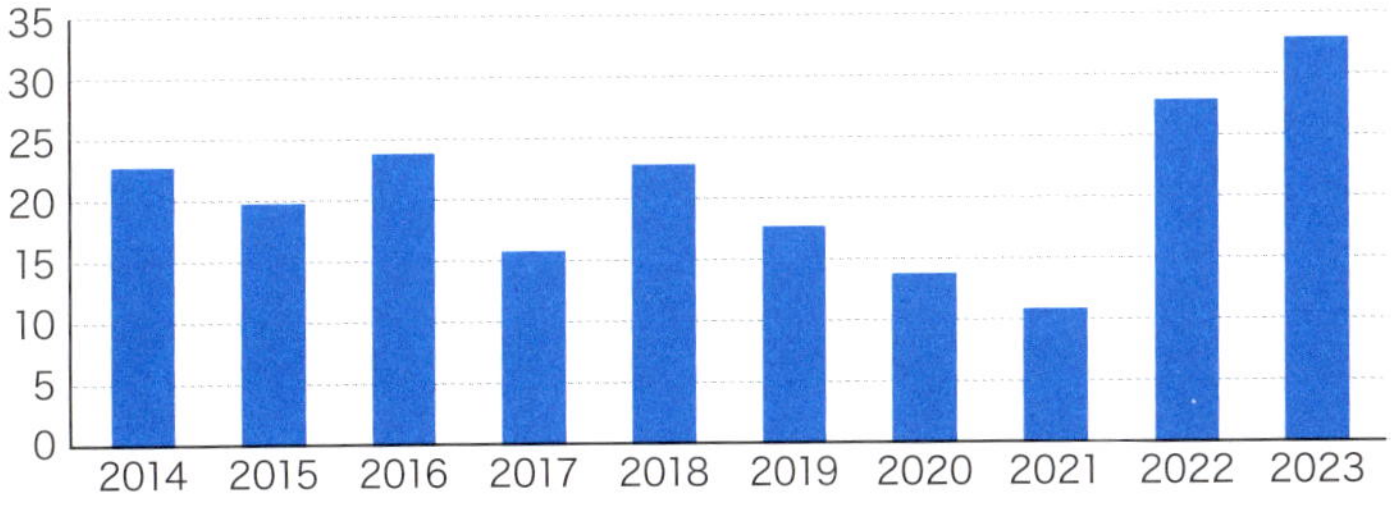

帝国データバンク発表資料に基づき著者作成

＊4：「日本版ライドシェア」に関する調査（2024年7月MM総研）によると、8割以上の人が「日本版ライドシェア」を「利用したくない」（81.7％）と回答。

まとめ

❶零細な事業者に支えられてきた日本のタクシー業界は、従来からの収益性の低さで事業継続が厳しい。

❷コロナ禍は従来から低空飛行状態だったタクシー業界の不振に拍車をかけ、大量のドライバーの離職を引き起こし、倒産も増加傾向。

❸「日本版ライドシェア」を導入した地方の反応としては、タクシーアプリの普及が伴っていないことに加え、「日本版ライドシェア」の適用営業時間帯が極めて短いため、低調。

日本のタクシー業界で今起きていること③
インバウンド需要とタクシー事業

コロナ禍が下火になってきて、円安との相乗効果もあり、国を挙げて力を入れるようになった観光立国という目標が、現実の国家戦略へと変化するにつれ、観光地や大都市では外国人観光客のタクシー需要が急拡大しています。こうした一部の人気観光地ではタクシーが日常的に足りないほどの需要がありますが、人口減少がじわじわと進行する地方のタクシー需要とその事業継続はどう変化しているのでしょうか？

●インバウンド需要の予測

マスコミ報道で取り上げられているタクシー不足の現象のひとつに、人気観光地や大都市におけるインバウンドでの需要増があります。たしかに主要ターミナル駅のタクシー乗り場で旅行客の長蛇の行列などを見るにつけ、その状況は深刻な面がありますが、果たしてこうした供給不足は長期的な傾向となるのでしょうか？ 国交省の受入振興策が計画通り伸長するなら、海外観光客は２０２３年の２５００万人から、２０３０年には６０００万人

◀羽田空港第3ターミナル（国際線）タクシー乗り場（２０２４年7月）インバウンド客で常時長蛇の列が続きます。

（2024年推定の3300万人の約2倍）と急増することになっています。この数字がそのまま実現するとしたら、確かに外国人旅行者に人気の観光地や大都市地域では、インバウンド客のタクシー需要は拡大する一方であり、それなりの供給量を増やさなければ、タクシー不足が起きてしまうのは明白です。

●意外と低いインバウンド客のタクシー利用率

幾分古い統計情報ではありますが、インバウンド観光客の「タクシー・ハイヤー」利用率は24.6％（＊1）であり、これには貸切ハイヤーも含まれており、意外に低く感じます。現状でもタクシーのマッチング率は（＊2）観光地においては、ハイシーズンは供給不足の傾向がありますが、オフシーズンは供給不足とはいえません（＊3）。一方海外観光客が増加するにしたがい、リピーターも増加し、国内での交通機関の利用形態にも変化が見られます。京都市における市バスなどの公共交通機関が海外観光客に多用されているのはその一例です。こうした現象を加味すると、インバウンド需要に対応したタクシー供給は、時期や地域等をきめ細かく分析して、過剰供給にならないように注意が必要であることがわかります。

＊1：訪日外国人消費動向調査2019（観光庁）
＊2：マッチング率：（タクシーの需要に対しアプリで配車できた供給率）
＊3：川鍋一朗（全国ハイヤー・タクシー連合会 会長）調べ 2023

◀東京駅八重洲口タクシー乗り場（2024年6月）
いつも多くの旅行客で乗客が絶えないタクシー乗り場です。

●タクシー不足問題の真実

今のところ急増している海外からの観光客が、円安基調の後退と相手国の景気次第で減衰する可能性も否定できません。少子高齢化が急伸する日本において、運輸関連でも、エッセンシャルワーカーの労働力確保と社会インフラの保全、国際競争力の確保などの一連の生活基盤の再整備は国家的課題です。そうした時期に、日本のタクシー業界ではユーザーの変化に対して、ＩＣＴ（＊４）を使った技術革新へ取り組みが同時進行している状況も絡んでいて、問題が複雑になっています。

●間近に迫る地方在住者のタクシー問題

需要の変動に応じてタクシー営業の体制を臨機応変に対応する体制（タクシーが余っている地域のタクシーを一定期間、本来は営業できない他の営業地域でも、特例的に営業できる等の臨時処置（ニセコモデル（＊５）のような）を認めれば、突発的に増える需要への対応は可能です。またスマホが当たり前のデジタル社会ではシェアリングサービスがＡｉｒｂｎｂ（民宿）などに代表されるように、あらゆる産業の起爆剤の役目をはたしていることを認めた上、現行の世界最高水準（東京タクシー白書での各国同業との分析

＊４：ＩＣＴとはＩｎｆｏｒｍａｔｉｏｎ ａｎｄ Ｃｏｍｍｕｎｉｃａｔｉｏｎ Ｔｅｃｈｎｏｌｏｇｙの略で情報通信技術のこと

＊５：ニセコモデル：外国人観光客が急増した北海道のスキーリゾート地であるニセコに、２０２３年12月11日（月）から２０２４年3月19日の冬期限定で、札幌・東京のタクシー事業者から合計8社・車両11台・タクシー乗務員25名の応援隊派遣を行い、ニセコエリア内の発着となるタクシーアプリ『ＧＯ』からの注文のみで営業を実施認可された。

データ）のタクシーサービスを棄損することなく、新公共交通手段の創出に「公共ライドシェア」（＊６）が応用されれば、タクシー不足の解決に繋がる可能性があります。

日本で予想される交通問題としては、今後運転免許を返納する高齢者が増加することです。【参考データ：75歳以上の日本の人口（２０２０年（実績）：１８６０万人、２０４０年（予測）：２２２７万人】。そうした運転免許返納をした高齢者の代替交通需要が増大するのに反し、公共交通の事業継続に欠かせないドライバーの成り手不足が続くと、バスや鉄道などは減便や廃線でますます事業規模が縮小します。そしてその補完としてタクシーに頼らざるを得ない状況が発生すると思われます

＊６：公共ライドシェア：自治体や非営利団体などが自家用車（白ナンバー）で有償運送を行うサービスで、交通空白地の解消を目的としている制度。

まとめ

❶インバウンド需要に対応したタクシー供給は、時期や地域等をきめ細かく分析して、過剰供給にならないように注意が必要。

❷日本でのタクシー問題はユーザーの変化に対して、ICTを使った技術革新への取り組みの問題といえる。

❸現行の日本での世界最高水準のタクシーサービスを棄損することなく新公共交通手段を創出するには、「公共ライドシェア」の応用がその解決策のひとつといえる。

日本のタクシー業界で今起きていること④
緩和される第二種免許獲得条件

タクシードライバーになるには第二種運転免許が必要ですが、だれもが簡単に取得できるわけありません。しかし2022年5月以降、業界の要請もあり、この第二種免許受験の条件が道交法の改定により緩和（年齢や必要経験条件等）されてきています。

●身体条件・技能条件が厳しい第二種免許

取得条件での年齢・運転経験が緩和されてはきていますが、次の点が第一種免許との大きな違いです。

(1)**視力など適正検査**：両眼で視力が0.8以上で、なおかつ片目がそれぞれ0.5以上（メガネ・コンタクトレンズ使用可能）。さらに深視力が三桿法の奥行知覚検査器により3回検査した平均誤差が2センチ以内であること。

(2)**学科試験**：マークシート95問（文章問題90問、イラスト問題5問）。合格は90点以上。一種に比べ応用問題が多く、難易度も高いといえます。二種運転免許に関わる運転区分に関する問題も多く出題されます。

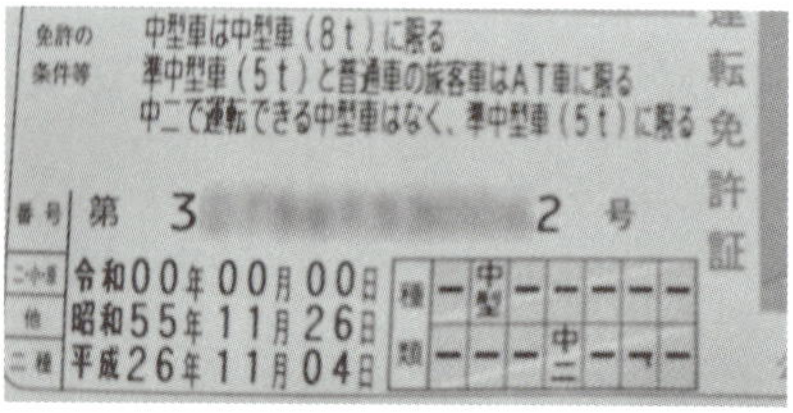

◀運転免許証の第二種免許の表示箇所
国民の100人中1.9人しか所有者がいない運転免許です。

(3)**技能試験**：第一種免許に比べ、旅客の生命を預かり、公共の保安を担う意味において、特に技能試験における合格点（80点以上）をはじめ、採点内容の基準（アクセル、ブレーキの踏み方、ハンドルの切り方）などが厳しくなります。第一種免許にはない鋭角（Λ字型カーブ）の通過もあります。

●年々減少する第二種免許保持者

タクシードライバーに必要な第二種運転免許は、タクシー会社に採用後に取ることも多いのですが、統計上では第二種運転免許を保持している方の割合は5種類の第二種免許を合計しても、第一種免許取得者に比し１００人に1.9人にしかなりません。しかも２０１８年以降の５年間で第二種免許保有者は全国で２２２万人以上、率にして12％以上減少しているのです。

●廃止になった大都市での地理テスト

今までは東京、神奈川（横浜）、大阪の特別地域でタクシードライバーになるには、タクシーセンターの実施する地理テストに合格する必要がありました。業界等の要望やナビゲーションシステムの普及もあり、２０２４年２月29日付で廃止になりました。

まとめ

❶運転さえできればタクシードライバーになれると考えるのは安直。必要となる第二種免許には厳格な身体条件と技能条件が求められる。

❷職業ドライバーに必要な第二種免許保持者は２０１８年以降５年間で12％も減少。

❸東京・大阪・横浜のドライバーは、複雑な広域エリアを担当する必要から地理テストが求められたが、カーナビやスマホアプリの普及により、２０２４年２月29日付で廃止された。

日本のタクシー業界で今起きていること⑤
タクシードライバーに高齢者が多い理由《わけ》

タクシードライバーには個人タクシーを除き、法的には年齢制限がありません。「一般社団法人全国ハイヤー・タクシー連合会」の統計調査（＊1）によると、タクシードライバーの平均年齢は59.7歳です。65歳を定年とする企業が多い中、タクシードライバーが高齢なのは、他の職種からの転職者が多いからと推測されます。タクシーの運転には第二種免許が必要ですが、転職してからも取得できます。しかも、免許取得にかかる費用は会社側で負担してもらえる場合も多いのです。一般的に未経験の状態で他の職種に転職すると給与が大幅に減少してしまうことが多いですが、タクシードライバーでは給与体系に歩合給が取り入れられているため、短期間で高収入を狙えます。

さらに、タクシードライバーは上下関係に縛られることなく自分のペースで働けます。こうした理由から、タクシードライバーは他の職種からの転職がしやすく、定年後の就職先として選択する人も多いため、平均年齢が高くなっています。

◀タクシー車内風景（2024年7月千葉県）
タクシードライバーには高齢者が多いのは全国共通です。

＊1：TAXI TODAY in Japan 2024（全国ハイヤー・タクシー連合会）

●改正高齢者雇用安定法などの各種公的制度も後押し

日本の社会全体が少子高齢化するにしたがい、各分野での人手不足が深刻になっています。そうした社会構造の変化に対応すべく、職業上の高い技能や、豊富な職務経験を持つ高齢者の活用が広く求められています。２００６年４月には改正高齢者雇用安定法が施行され、65歳までの「高年齢雇用確保措置」の導入が義務化されました。これまでも定年延長や再雇用制度の導入などにより高齢者の雇用の推進を図ってきています。

そうした流れの中で高年齢者就業確保措置が新設（２０２１年４月１日施行）され、タクシードライバーの雇用も65歳超雇用推進助成金制度が適用されるなど、高齢者を採用しやすい環境が整っていることもタクシードライバーに高齢者の就業が多い理由のひとつです。

●低賃金が受容可能な高齢者の懐事情

タクシードライバーの平均賃金が全産業に比べ低い（＊２）ことは、壮年期世代の雇用が低調な理由とされています。それに対し、すでに子育てを終えた高齢者は、生活費のサイズも減少して身軽になっていることに加え、公的年金の受給も受けられる年齢に達します。こうしたことで、タクシードラ

＊２：タクシードライバー（男性）の年間水準賃金：363.61万円（２０２２年）【同年の全産業（男性）平均：554.91】（資料：厚生労働省）

◀タクシー乗務員証プレート
法令が変わりタクシードライバーの写真・氏名の掲示義務がなくなり登録番号だけになりました。

イバーでの収入が低くても、生活維持には受容できる経済環境にある点も見逃せない事実です。つまりタクシー会社側がある程度の賃金水準（労働者平均賃金よりも幾分低位）でタクシー乗務を請け負うことができる年金受給者や、家族扶養しないですみ生活費が少なくても生活できる独身者などに頼った雇用環境に相互依存しているのが、わが国のタクシードライバーの就労実態です。

タクシードライバーの年齢層分布 2022年3月（全国）

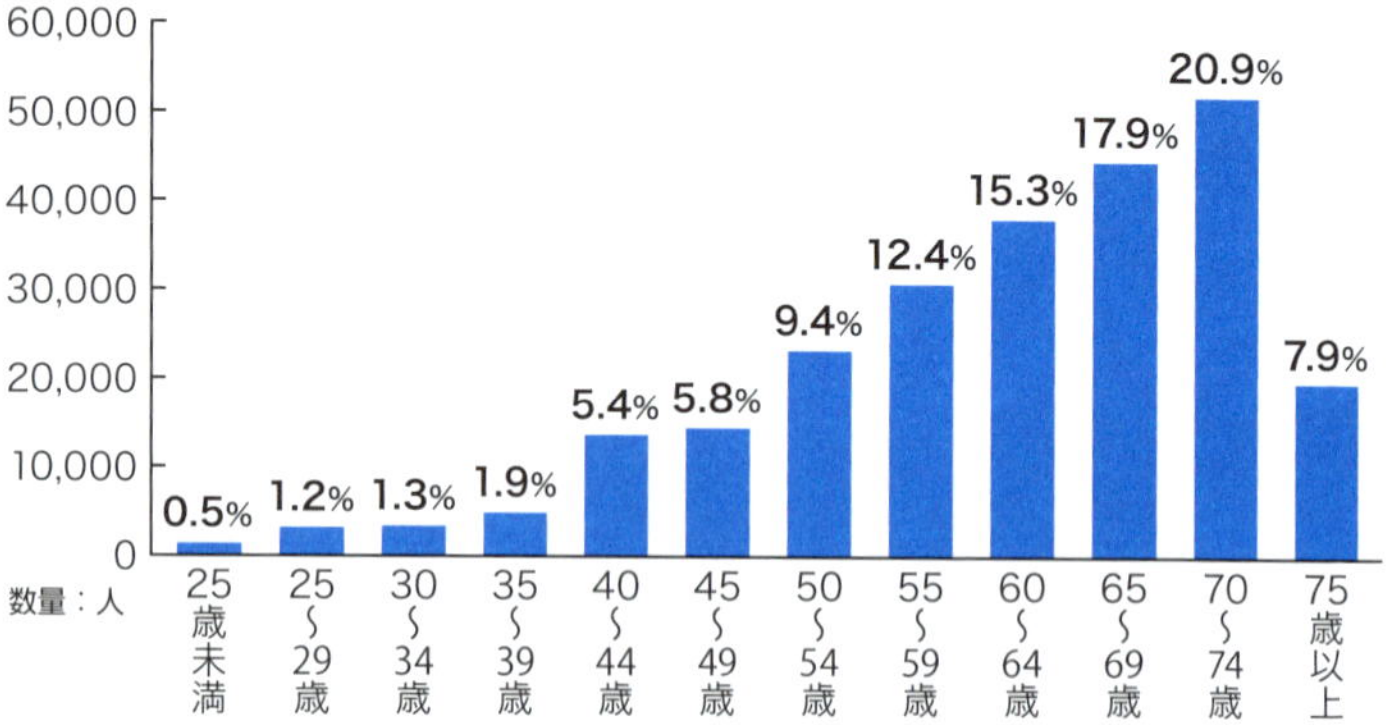

全国ハイヤー・タクシー連合会ホームページのデータにもとづき著者作成

まとめ

❶タクシードライバーは他の職種からの転職がしやすく、定年後の就職先として選択する人も多いため、平均年齢が高くなる傾向にある。

❷改正高齢者雇用安定法、高年齢者就業確保措置、65歳超雇用推進助成金制度などの公的制度の拡充で、タクシードライバーは高齢者雇用促進の受け皿となっている。

❸子育てを終え生活サイズが小さくなった高齢者は、年金支給もあるので、タクシードライバーの低賃金も許容できる経済状態の者が多い。

How to take a taxi　PART I

日本のタクシー業界で今起きていること⑥
アプリで変わるタクシーの乗り方

タクシーアプリが普及するにつれ、アプリが使える地域ではタクシーの乗り方も変わりつつあります。

●時間帯と場所によって「迎車」ばかりになる現象

最近東京都心では、夕方など特定の時間帯にやたらと「迎車」サインで走るタクシーが増えてきている感じがします（＊）。このことはアプリの普及にともなう新しいカタチの「タクシー不足」現象ではないでしょうか？

確かにアプリの利用は流し営業のタクシーよりもタクシーを捕まえることができる確率が高まり、また支払い手段も多様でその利便性が評価されてきています。ただし繁忙期、ラッシュ時や雨天には、稼働車両もコロナ以前の水準にまだ戻りきっていないこともあり、従来と同じく捕まえづらい状況は解消されてはいません。また都市部の新人ドライバーには、アプリとナビ頼りの営業に偏った方が多くいるようで、タクシーに装備されているナビの精度に問題があるケースでは、従来は地理テストなどで可能であった迅速な経

◀タクシーアプリ「GO」マークのタクシー（東京・銀座）
街中でアプリ広告のボディーのタクシーを多く見かけるようになりました。

＊：タクシーの「迎車」偽装問題では、２０２４年７月２９日の規制改革推進会議で、河野規制改革担当相がタクシーの「迎車中」表示の偽装やアプリのマッチング率向上策を問題視することにまでなっている。

路確認などができないことから、地理情報でのリカバリー力に不安が残ります。

●地域で異なるタクシーアプリの利用環境

もともと地方や過疎地ではタクシーは利用したい時に電話で配車してもらう方法が一般的です。そうした場合、電話はフリーコールで、迎車料金も不要でタクシーを確保できることも多く、地元の方にとってはアプリ利用の必要性を感じないのかもしれません。しかし、その土地のタクシー事情に疎い出張者や旅行者には、旅行先でタクシーアプリが使えるならタクシー会社を探す手間もかからず便利な存在です。その反対にアプリが使えない場合は、従来通りネット検索などで探すことになり、その分時間がかかります。

●迎車料金や予約料金の影響

アプリ利用の多くには迎車料金や、アプリ手数料もかかる場合があり、会社にもよりますが、３００～５００円ほどタクシー代が高くなります。このことによって、初乗り運賃程度の短い距離をタクシー利用している方には料金が割高になる点が問題です。またアプリの登場で、いままで迎車料金がな

◀タクシーアプリ「フルクル」マークのタクシー（東京・三つ目通り）ケータイを振ると近くのタクシーを呼べるアプリです。

かったタクシー会社も新たに迎車料金がかかるようになってきています。

アプリでは到着時刻が表示されますが、場合によっては到着までに時間がかかりすぎる場合もあり、このような状況では場所や時間帯によっては従来からの流し営業のタクシーに賭ける乗り方も選択肢として残ります。要は、タクシーアプリは状況に応じて使い分けるタクシー予約手段のひとつで限界がありますが、乗車依頼を確実にできる点が有利です。

まとめ

❶アプリの普及で、流し営業のタクシーの空車が一斉になくなる空白時間帯が一部の都市地域では出現。

❷アプリは流し営業に弱い新人ドライバーでも乗客を乗せやすく、ナビ誘導で経路を心配せず営業しやすくなった反面、臨機応変なサービス（渋滞時のう回路や乗降場所の代替案の提案など）は低下。

❸アプリには迎車料金や手数料がかかる点とクルマの到着待ち時間が必要で、短距離利用や急用で即座に乗車したい場合には向いていない。

日本のタクシー業界で今起きていること⑦
白タクの急増と進まぬ対策

「白タク」とは自家用車を使った違法の有償旅客運送のことです。正規タクシーのナンバープレートが運輸業者用の「緑色」なのに対し、自家用のナンバープレートが「白色」であることに因ります。「白タク行為」は道路運送法で禁じられている取り締まり対象で、厳しい対策がなされてきています。

●最近白タクが急増した背景

最近スマホでインターネットを使って簡単に集客できる環境となり、新手の「白タク」行為が出現して問題になっています。その最たる例は訪日外国人観光客目当ての空港の送迎（成田空港、羽田空港等）です。当局も2024年2月に羽田空港でこうした白タクの一斉取り締まりを実施するなどしましたが、根絶にいたっていません。海外のオンライン旅行予約サイトの一部には、日本での白タクを斡旋していた旅行サイトがあり、このことで観光庁から改善を指導された「Ｂｏｏｋｉｎｇ．ｃｏｍ」のようなケースもあります。

◀羽田空港第三ターミナルビルの車寄せエリア
他県ナンバーの白タクらしきワゴンが多数停まっています。

●取り締まりが難しい原因

「白タク」の取り締まりは原則現行犯逮捕が前提で、友人の送迎を盾にされると摘発が困難であるなど、決め手に欠いています。問題は白タク違反の罰則対象が運転手（請負側）だけにしかないことです。また現行制度においては、言語の壁に遮られて取り締まりが不徹底で、当局の本気度が最近マスコミ報道で指摘されている外国人の白タク運転手に見透かされてしまっているように思えてなりません。現行の制度では、白タク問題の根絶には警察当局のさらなる取り締まり強化を期待するしか解決法がないようです。

●白タクと「日本版ライドシェア」の違いとは？

全国自動車交通労働組合連合会（タクシードライバーの労働組合の全国組織）が「ライドシェア＝白タクの導入」と主張して、ライドシェア導入に反対しています。確かに一般ドライバー（第一種免許で可能）が無許可（タクシー会社の業務委託者で認可の運送事業者でない）で有償のタクシー営業をするのですから、これを「白タク行為」ではないと言い切れるのでしょうか？　むずかしい問題ですが、すでに運輸当局とタクシー業界とが協定を結び、認可を与えている以上、従来からの「白タク」と同一視することは無理がありそうです。

まとめ

❶一般ドライバーが無許可で有償のタクシー営業することを「白タク行為」といい、道路運送法で禁止されている。
❷空港送迎など外国人運転手のWEBを利用した「白タク」行為が最近は増加傾向にあり、デジタル時代に即した法規整備の改革が急務。
❸「日本版ライドシェア」（白ナンバー、第一種免許、非運送事業者など）は、「白タク」の規約を厳格に適用すれば、全国自動車交通労働組合連合会は「白タク」と同一だとし反対している。

日本のタクシー業界で今起きていること⑧
「日本版ライドシェア」の導入と海外との比較

マスコミ報道や海外旅行経験者の口コミ等では、諸外国におけるライドシェアはいいことづくめで、日本でのライドシェア導入の遅れを、運輸業における産業改革の後進性として断罪するかのような風潮が蔓延しています。このような日本でのライドシェア議論に対し、経済政策の専門家である太田和博氏（専修大学教授）は「遊休資源の有効活用や安い「運賃」と安全性問題のみが議論の対象となっており、地域公共交通の視点が欠落している」（＊1）と指摘されています。確かにネット社会の到来で、従来実現できなかった合理的なサービスがあらゆる分野で創出されてきています。日本のタクシー業界も、今までとは違った対応を迫られてきているのは疑いようのない現実です。しかしその実現にはまだ多くの課題が積み残されていることを精査する必要がありそうです。

◀米国サンフランシスコ空港のライドシェア乗車レーン
空港にライドシェア用のレーンと番号の表示が明確です。

●二つのタイプのライドシェア

「ライドシェア」にはTNC型（Transportation Network

＊1：総合研究　日本のタクシー産業　2017年　慶応義塾大学出版会

Company）とPHV型（Private Hire Vehicle）があり、それぞれに運営主体が違い、ビジネススキームが根本的に異なるものです。TNC型はスマホアプリを使用して乗客とドライバーをマッチング（＊2）する方式です。ウーバー（Uber）等はその代表例です。このサービスでは、事業者は直接的な運送を行わず、プラットフォームを通じてドライバーと乗客を仲介する役割を果たします。プラットフォーマーが行うのはドライバーの管理、運行等になります。一方PHV型は個人タクシーの派生形になります。規制当局が直接ドライバーを管理する伝統的なタクシーサービスに近い方式です。ドライバーは国が定めた必要な用件を満たし、かつ登録を行わなければいけません。プラットフォーマーはそれらを確認する義務があります。日本では一般的な利用者の「ライドシェア」の受け止め方はTNC型を想起しているように思えます。この方式は様々な異業種からの新規参入が容易な反面、運行管理上の安全義務履行がタクシーに比べ希薄なことが問題です。PHV型の導入には、実施にむけた法制変革と制度設計が必要です。

●ライドシェアの導入国の実態

諸外国のライドシェア事情はどうなっているのでしょうか？これに対し

＊2：国交省日本版ライドシェア稼働状況資料　マッチング率（2024年8月18日）

◀ジャカルタのメータータクシー車内（2023年1月）インドネシアではタクシーとライドシェアが共存しています。

関係当局は様々な調査や学識者による審議会を実施して、政策立案の体裁を整えています。種々の民間調査会社の分析資料や当事者であるＵｂｅｒ社の資料をみると、２０１０年頃から欧米でスタートしたシェアリングエコノミーに呼応した「ライドシェア」は、かなり長い試行錯誤の期間と紆余曲折を経て、現在のカタチに変化してきています。その経過をみると、既存のタクシー事業者との共存を図る制度設計には、法制度の見直しを含め長い調整期間を要してきた実態が明らかです。意外なことは韓国やエストニア、ラトビアなど情報化先進国でもライドシェアが禁止であることです。またライドシェアを実施している国では、もともとタクシーの安全度や信頼性が低く、タクシーサービス自体に問題が多いとされていた諸国が目立ちます。ただし現行のタクシーとの比較では、安全面や保障制度への懸念が多数意見を占める現状を勘案すると、こうした不安要素に対する様々な配慮が明確に定義されているのはイギリスなどで採用されているＰＨＶ型です。

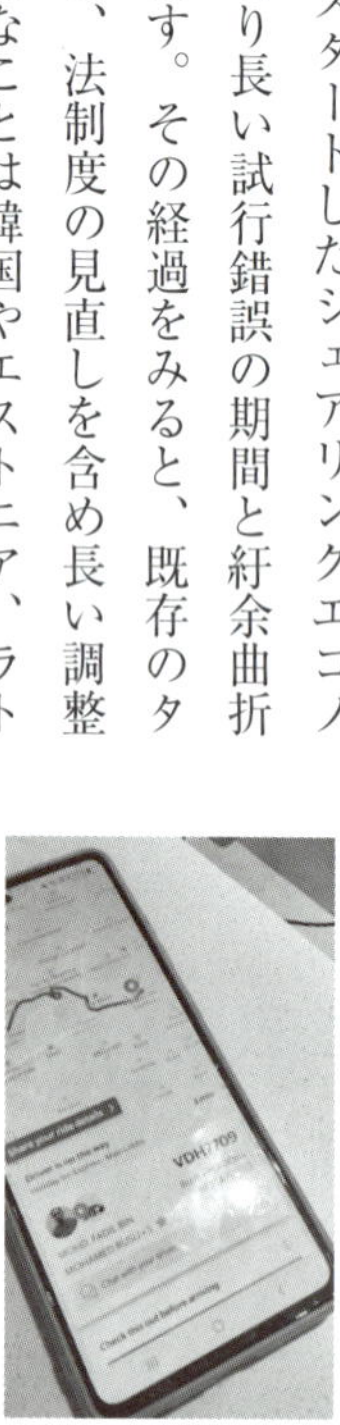

◀クアラルンプールのライドシェアアプリ（２０２３年１月）ホテルのフロントでタクシーをお願いしたらＵｂｅｒを呼んでくれました。

●日本のタクシー業界に求められる技術革新

行政においても規制緩和策で徐々にタクシーの利便性が向上するようになってきた矢先、新型コロナウイルス感染問題と少子高齢化によるエッセンシャルワーカー不足問題が同時に起こり、タクシードライバー不足も表面化しました。さらには国策としての観光業の振興に資するためタクシー不足を早急に改善する機運が高まったことなどを背景に、観光地や大都市でのタクシー不足問題が一気に社会問題になりました。そこで世論に押される流れで、超短期間の審議で導入がきまったのが、「日本版ライドシェア」です。「日本版ライドシェア」は機能的にはアプリを使った点では前述のＴＮＣ型を、それに運行管理をタクシー会社に代行させるという一部ＰＨＶ型の機能を加えた折衷型に落ち着きました。本来期待されていた機能を十分に果たしているのかという点では問題が山積しています。結論を出すには実施後まだ期間が短く未知数ですが、大都市圏での繁忙時間帯のマッチング率向上には効果はあるようです。反面消費者の認知はあまり好意的とはいえないようです（＊3）。いずれにせよ、シェアリングサービスの進展はタクシー業界にも不可避の技術革新であり、既存のタクシー市場を棄損することなく、新たな需要創造をめざす制度設計が望まれることは確かです。生産性の向上に資する交通行政の発動が望まれます。

＊3：株式会社ＭＭ総研「日本版ライドシェアに関する調査」（２０２４年６月）では日本版ライドシェアサービスの利用意向では81.7％が利用したくないと回答。

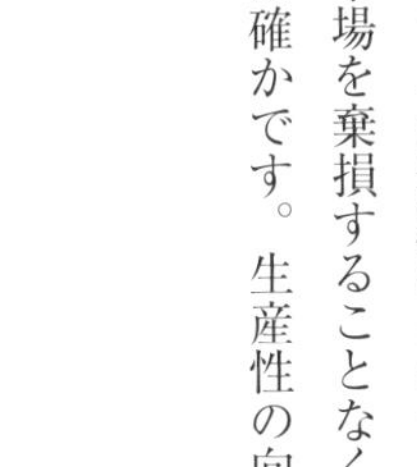

◀羽田空港第三ターミナルビルのタクシー案内版
来日観光客向けに様々な施策を拡充しています。

G20 の主要国におけるライドシェアの導入と制度化の状況

国名	方式	状況
米国	TNC型	プラットフォームへの許可制。運転手の事故・犯罪歴、規制に適った車両点検の有無の確認、保険の付保などは、プラットフォームの責務とされている。
カナダ	TNC型	
ブラジル	TNC型	
メキシコ	TNC型	
中国	PHV 型	運転手の許可制。要件は犯罪歴の確認など。プラットフォームにも許可要件があり、安全確保の責任が課されている。
オーストラリア	PHV 型	
韓国	未導入	
インド	TNC型	プラットフォーム及び車両に規制あり。
英国	PHV 型	運転手・車両に加えプラットフォームにも規制。運転手の要件は、健康状態や犯罪歴の確認、語学能力、試験合格。
フランス	PHV 型	運転手・車両に規制。運転手の要件は、健康状態や犯罪歴の確認、語学能力、二段階の試験合格。
ドイツ	PHV 型	運転手の要件はタクシーと同様に健康診断程度だが、PHV 事業者による運行管理を受ける場合が多い。
イタリア	未導入	PHV 制度があるが、日本のその他ハイヤーと類似。
ロシア	PHV 型	プラットフォーム・運転手の許可制と思われる。詳細確認中。

2023年11月6日（Uber Japan 株式会社資料）

まとめ

❶今までの日本のライドシェア論議は遊休資源の有効活用や安い「運賃」と安全性問題のみが議論の対象となっており、地域公共交通の視点が欠落している。

❷二つのライドシェアの方式（TNC型、PHV型）で、安全面や各種の保証制度を包含したビジネスモデルはPHV型。

❸超短期間の審議で導入がきまった「日本版ライドシェア」は問題が山積。

How to take a taxi

第2章

タクシー利用の基礎知識

手を挙げて停まったタクシーに乗りこみ、目的地を告げて降りる時にメーター通りに支払いをすませればいいだけ。それがタクシーの乗り方なんだし、タクシーの乗り方なんて教えてもらわなくても問題ないよ。そうあなたが思っていたなら、あなたはタクシー利用することによほど幸運が続いているのでしょう。実はタクシーには公共交通機関として、様々な制約があるので、あなたが思っている利用方法ができない場合も少なくないはずです。乗りたい場所でタクシーをなかなか拾うことができない方も、タクシーの実情を知っていると、上手に捕まえられるかもしれません。本項ではタクシーを快適に利用するにあたり、知っておいて損はない、タクシー利用の基礎知識を、タクシー利用者の関心をもとに整理してみました。知っているようで、意外と知られていないタクシーの制約事項や営業体制、ドライバーの勤務形態等を知っておくと、今までよりスムーズにタクシーを使いこなせるようになるでしょう。

タクシー利用の基礎知識①
タクシーは公共交通機関のひとつ

そもそもタクシーは公共交通機関であり、ハイヤーのように特定の顧客専用の運送手段ではありません。たまたま旅客車両を一時的に自分が専有できるだけのことで、その利用に際しては順守すべきマナーがあるのです。タクシーはあなた専用のドライバー付き自家用車ではありません。

●タクシーの公共交通機関である制約事項

タクシーには様々な制約事項があります。その内容は後述するように多岐にわたります。乗車禁止規制地区や営業地域などの制約は、旅客運送サービスを断ることの原因であることはよくあることです。こうした公共交通機関であるが故の制約事項は利用者にほとんど知られていないのが実情です。

●タクシーのイメージが悪い先入観は印象操作？

残念なことに、タクシーは利用者から好意的なイメージで取らえられている交通機関とはいいづらいのが一般的な見方です。普段一般多くの方々が口

◀街中の道路を走るバスとタクシー
タクシーもバスと同じ公共交通機関です。

にするタクシーの話題は、「乗車拒否」、「遠回り」といったマイナス面ばかりに焦点があたりやすく、マスコミなどでの芸能人等のコメントもこれに類した悪口が目立ちます。

しかし多くの場合、これらのほとんどは利用者の誤解や基本的な知識不足に因るものであることは、あまり知られていません。この間の経緯については、後述の第3章にて詳しく説明します。テレビのバラエティ番組やワイドショーでは、芸能人やタレントがタクシーに関して、根拠不十分な意見を述べることがあります。そのような主張を視聴者が鵜呑みにし、安易に同調してしまう傾向がみられます。

●カスハラまがいのトラブル対応にも変化の兆し

日本ではタクシー業は客商売とされ「お客様は神様」的な風潮のもと、乗客が乱暴な言動をした場合でも、今までは大目にみられていました。しかし最近では世の中の流れも変わり、こうした一般消費者のサービス担当者に対する横暴な言動や暴力的な行為は「カスタマーハラスメント（カスハラ）」として、厳しく制裁される機運が高まってきています。今ではタクシーのほとんどの車両に車内のやりとりを記録するドライブレコーダーが付いてお

◀タクシーの車内表示
車内に防犯カメラ設置をアピールする時代になりました。

り、特に法令に問題ある行為は、場合によっては訴訟や告発に発展することもありえるようになっています。ドライバーの不手際はもちろんですが、同時に乗客自身の威嚇的言動や理不尽な要求も記録されます。タクシーが密室である故に、立場が弱いドライバー側に不利だった各種のトラブル対応も他の公共交通でのトラブル対応と同様に、その対策が変化してきています。

●タクシードライバーの使命

タクシードライバーの仕事は、単に乗客を目的地まで運ぶだけではありません。安全運転と適切な接遇（＊）により、快適な移動を提供することが主な役割です。また、法令の範囲内で、乗客の合理的な要望に可能な限り対応することも心がけています。タクシーの基本的なサービス内容を理解した上で、必要なことを明確に伝えて利用してださい。そうしたなら時には予想以上の丁寧な対応を受けることもあるでしょう。乗客（お客様）のニーズに応えることは、タクシードライバーの誇りです。

＊接遇：お客様を理解し、適切に迎える応対のこと。サービスは必要最低限の枠を超えて、相手の状況や気持ちをくみ取った特別な応対となる。

まとめ

❶タクシーは公共交通機関であり、それなりの予備知識とマナーをもって利用するのがタクシーをうまく乗りこなす出発点。
❷タクシーに課せられている様々な制約や基本情報を知っていると、今まで捕まえづらかったタクシーに上手に乗れるようになる。
❸タクシーの基本知識を知ってタクシードライバーと上手にコミュニケーションをとることで、より快適な旅客運送が期待できる。

How to take a taxi　PART II

タクシー利用の基礎知識②
ハイヤーとタクシーの違い

ハイヤーもタクシーも、「目的地まで乗客を運ぶ」という同じ目的で利用されます。道路運送法でハイヤーは「個別輸送機関」、タクシーは「公共交通機関」と定められています。一部の地方のタクシー会社の社名に「ハイヤー」とついている場合もありますが、昔の営業形態の名残であることもあり、現在はハイヤー事業を行っていない会社もあるようです。

●運賃・料金のシステム

タクシーは乗車場所から降車場所までの利用区間が運賃・料金の対象です。ハイヤーは完全予約制であるため、営業所を出発して、再度営業所に戻ってくるまでの区間の専有時間が利用料の対象です。単純な比較はしづらいですが、同じクラスの車両でのタクシーの時間貸しなどと比較してもハイヤー料金はタクシーの倍以上の高額となります。高級な車種を指定するとさらに料金は高くなります。ハイヤーの利用は基本的に契約が必要ですが、空港送迎、ゴルフ場送迎、カスタムオーダー（スポット利用）のサービスを利

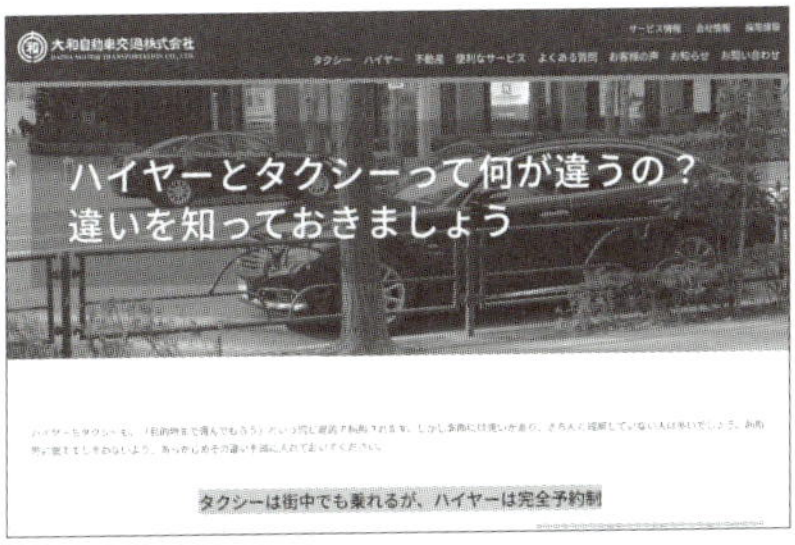

◀大和自動車交通株式会社のホームページ
ハイヤーとタクシーの違いがホームページで説明されています。

用する場合、契約は不要な会社もあり、個人の利用もできます。その場合でも事前の予約は必ず必要です。

●営業形態

タクシーは、タクシー乗り場や町中で利用者を乗せることができ、利用者は予約をしていなくても乗車できます。一方、ハイヤーは完全予約制です。依頼を受けて営業所を出庫し、利用者を乗せて目的地まで送り届けたら、そのまま営業所へ戻ります。町中でハイヤーを見かけても、手を上げて呼び止めて乗車することはできません。

●サービス内容

ハイヤーはＶＩＰや会社役員の移動手段など企業や各種組織で使用されることが多いので、ドライバーには上質なサービスや身なりが求められています。海外の賓客を乗せる機会もあるため、語学が堪能なドライバーもいるなど、ハイヤーは高いレベルのサービスが受けられます。また使用する車種もタクシーよりも高級なものが使われます。さらに運転手の守秘義務が徹底されるなどの高品位なサービスが約束されます。

まとめ

❶道路運送法でハイヤーは「個別輸送機関」、タクシーは「公共交通機関」と定められている。

❷ハイヤーは完全予約制で営業所を出庫し、利用者を乗せて目的地まで送り届けたら営業所へ戻る。町中でハイヤーを見かけても、手を上げて呼び止めて乗車できない。

❸ハイヤーはタクシーよりも使用する車種も高級なものが使われ、ドライバーの守秘義務が徹底されるなどの高品位なサービスが約束される。その分利用料金はタクシーよりかなり高額。

How to take a taxi PART II

タクシー利用の基礎知識③
タクシーの営業地域には制限がある

日本のタクシーは営業できるエリアが認可された地域（営業地域）に決まっていて、この営業地域外では旅客運送ができません。例えば東京都の都心は東京23区と武蔵野市と三鷹市が一つの営業区分（東京特別区&武三地区）のタクシーは、となりの川崎市や川口市では営業できません。ただし乗車地と降車地のいずれかが自車の営業地域内であれば旅客は乗せることができることになっています。自分の営業地域外での旅客輸送が禁止されていますが、旅程の目的地（降車地）が自分の営業地域内にあれば、営業地域以外の出発地点からでも旅客輸送が可能です。

◀伊丹空港のタクシー乗り場（兵庫県方面）行先の営業地域に適合したタクシーが待機しています。

●営業地域の違うタクシーに乗車を断られることは乗車拒否ではない

この基本的な「タクシーの営業区域の制限」は利用者に理解されていないようで、「乗車拒否」されたと誤認されるケースのひとつです。例えば郊外駅のタクシー乗り場近くにその営業地域以外からのタクシーが乗客を降ろした後に、駅でタクシーを待っていた乗客が営業地域の違うタクシーに乗車を断られることは、「乗車拒否」にあたりません。

●降車場所を間違えると再乗車できないケースに注意

大都市圏では日常の移動範囲も広域ですので、こうしたタクシーの営業地域の制限については利用者も注意が必要です。万が一場所を間違えて支払いを済ませ降車した後、同じタクシーには再乗車できない場合があるからです。それは乗って来たタクシーが乗客の降りた場所が営業地域以外となるケースです。深夜時間帯にこうした事態になると大変厄介です。酔っていて誤った場所に降りてしまい、その地点が乗ってきたタクシーの営業地域外だった乗客の例を私も何回か経験しました。

それとは反対に、近接の営業地域の境界付近のエリアにおいては、他地区の営業車でも行先がそのタクシーの担当エリアであれば利用可能なことを知っていれば、利用できるタクシーの範囲が広がります。こうした「タクシーの営業地域」の制約は、上手にタクシーを利用する基本知識のひとつです。

まとめ

❶タクシーには営業地域制限があり、自車が認められている営業地域以外では旅客輸送ができない。
❷営業地域以外からでも、最終目的地が自車の営業地域内であれば、その（営業地域外の）タクシーを利用可能。
❸営業地域外の目的地で、精算後降車場所を間違えた場合には、再び営業地域外の目的地へ同じタクシーに再乗車できない場合があるので注意。

タクシー利用の基礎知識④
タクシー利用に影響するドライバーの勤務体系と営業所所在地

タクシーは一般的には24時間サービスが基本です。しかし最近ではドライバー不足から深夜や早朝に営業しないタクシー会社が、地方中心に増えてきています。もともとタクシーは、電車やバスが営業していない時間帯に唯一利用できる公共交通機関であることは大きな利用価値のひとつです。こうした24時間営業を支えるのがタクシードライバーの勤務体系です。また東京のような大都市ではタクシー会社の営業所所在地もタクシーの利用状況（特に地域・時間帯別の稼働率）に関係します。

●タクシーの勤務体系と稼働率

時間帯別の需要や労働条件等を勘案した上で、タクシー会社ではドライバーの勤務にシフト制を採用しており、このことはタクシーの稼働率に関係があり、利用者にとってはタクシーの捕まえやすさに影響があります。早朝の時間帯にタクシーが捕まえづらいことは、ドライバーが一番手薄な時間帯となることが原因です。

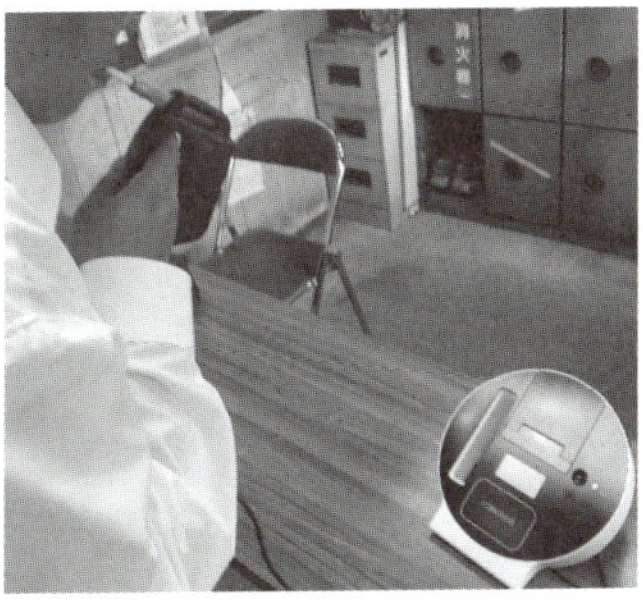

◀アルコールチェック機
営業に出る前と車庫に帰った時、免許書を機械にセットしての呼気測定はタクシードライバーの必須事項です。

●タクシー独特の勤務体系

タクシードライバーの勤務で他の労働者との一番の違いは、「隔勤」とよばれるほぼまる一日勤務して翌日は休日となる勤務シフト（隔日勤務）が東京などの大都市では一般的であることです。これはタクシー車両が無駄なく運用できることに因りますが、タクシードライバーの基本的な労働条件も、これに適合して長時間勤務が可能になっています。これ以外にも昼間の時間帯だけの「日勤」や夜間の時間帯だけの「夜勤」というシフトも多くのタクシー会社では併用しています。しかしタクシー車両の稼働率が隔勤に比べ非効率になり、その多くは就労時間に制約あるドライバー対策であり、部分的な採用に抑えられる傾向にあります。タクシー会社の隔日勤務のシフトはスタートする時刻によって規定されています。大多数の会社ではA勤務：出庫（午前7時）・帰庫（午前3時）、B勤務：出庫（午前8時）・帰庫（午前4時）、C勤務：出庫（午前9時）・帰庫（午前5時）、D勤務：出庫（午前10時）・帰庫（午前6時）、E勤務：出庫（正午12時）・帰庫（午前8時）、F勤務：出庫（午後1時）・帰庫（午前9時）、また一部にはG勤務：出庫（午後2時）・帰庫（午前10時）H勤務：出庫（午後3時）・帰庫（午前11時）、I勤務：出庫（午後4時）・帰庫（正

◀東京都葛飾区のタクシー会社車庫　東京都葛飾区金町は東京区部の北端で、隣は千葉県松戸市です。

午12時）もあります。特に確実な需要がある朝の通勤時間帯に間に合うよう、郊外からでも通勤できて勤務可能なA勤務とB勤務を多くのタクシー会社は推奨しています。出庫の前には色々な準備が必要なことから、最低出庫予定時刻の1時間前までには出社する必要があります。電車やバスで通勤するドライバーも多く、こうした通勤環境を考慮すると、大都市圏では出庫車両数が多いスタート時間帯が午前7時以降にならざるを得ないのです。そしてタクシードライバーの勤務シフトで最も多いA勤務（午前7時出庫）やB勤務で出庫したタクシーが都心部で稼働し始めるのは午前7時半から8時半頃となります。それ以前の時間帯は担当が少ない勤務シフトのタクシーしか稼働していませんし、帰庫時刻が迫っているタクシーは車庫に戻る「回送」の車両が増えるので、ますます空車がない状態となります。

●大都市では周辺部に多いタクシー車庫

大都市圏ではタクシー会社の車庫（営業所）の所在地が、地価の高騰で都市部の周辺地域に偏在するようになりました。それに呼応してタクシードライバーの通勤も広域となり、細分化したシフトでも、多くのドライバーは、需要の多いシフトに集中しています。早朝時間帯に都心部でなかなか空車が見つけられないことは、こうしたドライバーの勤務事情も関係しています。

まとめ

❶タクシードライバーの勤務は都市部では隔日勤務のシフトが主流。
❷隔日勤務の端境期の時間帯（深夜から早朝）は特にタクシーが捕まりづらく、また帰庫時刻厳守のために回送のタクシーが増える。
❸大都市では地価高騰でタクシー営業所が外郭部へ移転し、早朝は都心部では稼働車両が少ない。通勤時間帯にはタクシーは通勤客に専有されるので、都心部では空車タクシーは不足気味。

タクシー利用の基礎知識⑤
運行上の各種制約（走行距離、休憩、勤務時間など）

タクシーは、乗客の命を預かる旅客輸送事業であり、安全運転厳守のために、勤務に際し法令で厳格な規定が適用されています。

●勤務シフトに応じて稼働可能な上限設定がある

勤務シフトに応じて、最大走行距離、最長勤務時間、休憩時間、次回勤務までの休養時間間隔、月間の累計勤務時間制限などが定められています。その項目は次の通りで、勤務シフト別の数値は下段を参照下さい。

(1)一ヶ月の拘束時間（始業から終業までの時間）
(2)一日の休息時間（業務終了時刻から次の始業時刻までの時間）
(3)月間の累計勤務回数上限
(4)一勤務あたりの最低休憩時間
(5)一勤務での最大走行距離

タクシードライバーの就労制限項目

制限項目	日勤	隔勤
1ケ月の拘束時間	288時間	原則:262時間 最大:270時間(年6回まで)
1日の休憩時間	継続11時間を原則とし、下限9時	継続24時間を原則とし、下限22時間
月間の累計勤務回数上限	最大26勤務(原則:22勤務)	最大13勤務(原則:11勤務)
1勤務あたりの最低休憩時間	1時間	3時間
一勤務での最大走行距離	270km	365km

2024年4月2日以降(厚生労働省他)

●働き過ぎがないタクシードライバー

前述のような制約があることで、タクシードライバーは他の労働者のように働きすぎになることはありません。労務管理上の厳格さではトラックドライバーなどとは決定的に違います。タクシードライバーが不足しているからといっても、むやみに残業を依頼することができない厳格な制度を適用しています。このことはタクシードライバー不足が簡単に解消できない理由のひとつです。

●安全確保のため健康管理などの対策

タクシーの乗務では安全管理のために様々な対策がなされています。まず乗車毎の出庫前＆帰庫時でのアルコール検査、年２回の健康検査、外部機関による運転適性検査、要観察者にむけての乗車前の血圧検査など、プロのドライバーとしての運転能力・適正を定期的にチェックしています。健康診断で不整脈などに判定され改善が認められないと、乗務ができなくなります。タクシードライバーには高齢者が多いとはいえ、健康面では同世代の中では体力面で優れた健常者が従事しているといえます。

まとめ

❶タクシードライバーは勤務シフトに応じて、最大走行距離、最長勤務時間、休憩時間、次回勤務までの休養時間間隔、月間の累計勤務回数制限などが定められている。

❷タクシードライバーの勤務管理は、むやみに残業を依頼することができない厳格な制度で、働きすぎ（過剰労働）になることを法令で防止。

❸タクシードライバーの健康管理や職業適性の継続的な定期診断が実施されており、乗客の安全を重視する職場環境が整備されている。

タクシー利用の基礎知識⑥
タクシーの運賃と各種料金

タクシーの利用料は運賃と各種料金で成り立っています。実際のタクシー利用に一番肝心な利用料（運賃と各種料金）ですが、その形態はかなり複雑です。まずその概要を知り、的確にそれを利用時に応用しましょう。

●運賃の種類と概要

タクシー運賃には距離制運賃（時間距離併用制運賃）と時間制運賃、定額運賃の三つのタイプがあります。

(1)**距離制運賃（時間距離併用制運賃）**：普段利用している一般的なタクシーの運賃で乗車地点から降車地点までの走行距離に応じて、メーターにより算出します（初乗り運賃＋加算運賃）。時間距離併用制運賃は、時速10km以下になった場合（渋滞時のノロノロ走行等）や、乗客の都合によりタクシーを待機させる場合に、その時間に応じて加算されます。以前は都市部に限定されていましたが、今では全国一律に適用されています。高速道路利用時はドライバーの高速ボタン操作で時間メーターは解除されます。

◀タクシードアと窓の初乗り運賃表示
東京特別区・武三地区での下限運賃のタクシー運賃のタクシー。

(2)時間制運賃：観光や冠婚葬祭等拘束時間が長く予め申込をして利用する場合に適用されます。

(3)定額運賃：事前に定めた運送区間に定額運賃が設定されている場合があります。その代表例は(1)空港、鉄道駅等と一定のゾーン間、(2)大規模イベント開催期間中の駅等とイベント会場間、(3)観光ルート別などがあります。

これらの各運賃は運輸局長が定めている運賃適用地域（運賃ブロック）別に異なり、自動認可運賃が決められています。上限額以下の一定の範囲内（自動認可運賃）であれば、速やかに認可されます。また、タクシー適正化・活性化法により指定された特定地域または準特定地域においては、各事業者は国土交通大臣が指定する運賃の範囲（公定幅運賃）から運賃を定め、国土交通大臣に届け出ることになります。タクシー会社によって運賃が異なる場合（同じ運賃ブロックでも公定幅があるため）もありますが、同じ運賃ブロックなら実勢ではほぼ同じ運賃です。また車種では「特定大型車」「大型車」「普通車」に区分されていますが、地域の実情に応じて「普通車」が「中型車」「小型車」に区別される地域や、「大型車」と「特定大型車」の区別がない地域もあります。

東京特別区・武三地区自動認可運賃・料金表（普通車）　2024年6月現在

	距離制運賃		時間距離併用制
	初乗運賃 1.096m	加算運賃	
A（上限運賃）	500円	255m　100円	1分35秒　100円
B　運賃	490円	260m　100円	1分35秒　100円
C　運賃	480円	266m　100円	1分40秒　100円
下限運賃	470円	271m　100円	1分40秒　100円

	時間制運賃	
	初乗運賃 1時間	加算運賃 30分
A（上限運賃）	5,360円	2,450円
B　運賃	5,250円	2,400円
C　運賃	5,150円	2,350円
下限運賃	5,040円	2,300円

●割引運賃と割増運賃

タクシー運賃には各種の割引制度があります。その例としては、障害者割引（身体障害、知的障害等）、遠距離割引、プリペイドカード割引、利用回数割引（ポイント制）、乗り継ぎ割引、各種の営業割引等があり、いずれも認可を受けたものに限られます。その逆の割増運賃では、深夜早朝、冬期、寝台等が該当し、割引運賃同様に認可が必要です。各種の割引運賃と割増運賃の内容は、地域によって大きく異なるものが多いので、利用するにあたっては、各地域のタクシー協会のホームページ等で確認を推奨します。

●各種料金

運賃以外の運送に伴う各種料金は、事業者が国土交通大臣に申請し認可を受けます。同じ地域でもタクシー会社ごとに料金や条件が異なります。

(1) **迎車料金**：乗客の要請により乗車地点までタクシーを回送する場合に適用される料金。

(2) **待ち料金**：乗客都合によりタクシーを待機させた場合に適用される料金。

(3) **サービス指定予約料金**：時間指定配車料金（乗客の指定した時間にタク

◀地域によって運賃が異なるタクシーもあります。（東京・新橋駅付近）初乗り運賃が安いことが行燈で明示されています。

シーを配車する場合に適用される料金）、車両指定配車料金（ワゴン車等の配車依頼に応じて配車する場合に適用される料金）は１車両１回ごとの定額です。いずれにも該当する場合は、高額の料金のみが収受対象となります。なお介護料金等の運送に伴わない料金は、認可や届出が不要で事業者の判断により自由に設定できます。

定額運賃の区間例

区間	料金	注意点
東京区部・武三地域➡羽田空港	出発地域（除外地区あり）によって変動 早朝・深夜割増等4タイプの運賃区分	事前予約（乗車１時間以上前）必要
東京区部・武三地域➡成田空港	出発地区によって変動	
東京多摩地域➡羽田空港 東京多摩地域➡成田空港	出発地域（除外地域あり）によって変動 早朝・深夜割増等4タイプの運賃区分	事前予約（乗車１時間以上前）必要
羽田空港➡東京区部・武三地域	出発地区（除外地区あり）によって変動 早朝・深夜割増等4タイプの運賃区分	指定タクシー乗り場利用
成田空港➡東京区部・武三地域	到着地域によって変動	指定タクシー乗り場利用
神奈川県4地域➡羽田空港	出発地域によって変動	事前予約必要
神奈川県4地域➡成田空港	出発地域によって変動	事前予約必要
東京区部・武三地域➡東京ディズニーリゾート 東京多摩地域➡東京ディズニーリゾート	出発地区によって変動 早朝・深夜割増等4タイプの運賃区分	事前予約（乗車１時間以上前）必要
エスコンフィールド北海道⇔札幌市	出発到着地区（除外地区あり）によって変動 早朝・深夜割増等4タイプの運賃区分	事前予約必要

まとめ

❶タクシーの料金体系を知っておくと、賢いおトクな使い方ができる。
❷地域に応じた定額運賃（都市部—空港間など）が設定されているが、実施しているタクシー会社が限られる場合がある。
❸運賃以外の各種料金は、同じ地域にあってもタクシー会社によって異なる点に留意。アプリ利用時の迎車料金やアプリ手数料はその典型。

タクシー利用の基礎知識⑦
タクシーメーターの仕組みと運賃

タクシーの運賃は一般的には距離制運賃（時間距離併用制運賃）です。しかしそのメーターの仕組みはタクシー利用者には意外と知られていないようです。大昔は時間制併用であったのは大都会だけでしたが、今は全国どこでも時間制併用となっています。時間制が適用されるのは時速10km以下の賃走や待機の場合です。

●タクシーメーターの正しい使い方

乗客が乗車してドライバーが目的地を確認復唱して、発車の用意ができてから、「賃走」ボタンを入れるのがタクシーメーター操作の基本です。また目的地に到着したら、ドライバーはメーターを「支払」ボタンにして、メーターを停止させ料金を受領します。タクシーメーターには「賃走」や「支払」以外にも様々な項目があり、その機能を知っておくと料金の仕組みを正しく理解することができます。

◀タクシーメーター
タクシーメーターは検査後封印されています。

●タクシーメーターの項目

タクシーメーターの主な表示項目とその内容は次の通りです。(2)割増以外のほとんどの機能は、ドライバーの操作によって作動します。

(1)**賃走**：普通時間帯のタクシー走行時に表示。
(2)**割増**：深夜・早朝時など割増運賃時に表示（時刻で自動切換）。
(3)**支払**：目的地に着き支払い時に表示（時間加算なし）。
(4)**高速**：高速道路を利用時に表示（時間加算なし）。
(5)**割引**：割引運賃の使用時。
(6)**迎車**：迎車時に表示（時間加算なし）。
(7)**予約**：予約先に向かう時表示（時間加算なし）。
(8)**待機**：乗客を待っている状態の時。
(9)**介護**：介護料金の場合。
(10)**回送**：指定の場所に運転手が車両を移送中（運賃に無関係）。
(11)**空車**：乗客を乗せられる状態（運賃に無関係）。

まとめ

❶日本のタクシーメーターは運輸局指定の検査所にて定期検査をされ、認証を受けて封印され厳重に監査されたものを使用。
❷メーターの時間帯での割増運賃は時刻によって自動切換となる。
❸日本のタクシーは高速道路（都市高速含む）を使う際に、ドライバーがタクシーメーターの高速ボタンに切り替えると、時間メーターが停止される。その結果渋滞や信号待ちがないと、結果的に運賃が安くなる場合がある。

タクシー利用の基礎知識⑧
タクシーでの支払い方法

タクシー利用時の支払いは、現金以外にもいろいろな支払い方法が可能になってきていますが、すべてのタクシーに一律ではありません。ここでは支払い方法の種類とその効用について整理してみます。特に現金以外での支払いの場合、乗車時に目的地を告げる前（メーターを入れる前）に、自分が利用したい支払い方法（クレジットカードやＱＲコード等）やチケット、クーポンをドライバーにたずねて了解をとるのが賢明です。またクレジットカードやＩＣカード用の機材の不具合や通信不良が発生することなどに備え、現金を含む複数の支払い手段を所持していることが安全です。またどの支払い方法でもタクシー車内で領収書（タクシー会社名、電話番号、車両ナンバーが記載のもの）がもらえるなら、降車時には必ず領収書をもらっておくことを推奨します。万が一忘れ物をした場合に、領収書があれば遺失物を見つけることができる確率が段違いです。

◀東京区部大手タクシー領収書
アプリダウンロード用のＱＲコード付きです。

●現金

最も一般的でどのタクシーでも可能な支払い方法ですが、運賃額と支払う紙幣と貨幣によっては、釣銭の問題が発生します。夜間の暗い車内では5千円札はサイズが似ている千円札と間違えてしまう危険性があることに注意しましょう。また降車時に少しでも時間を節約したい方には、降車地点が近づいたなら運賃を手元に用意しておくことで、スムーズに降車できます。なお貨幣（硬貨）の支払では、法令で硬貨は額面価格の20倍までとの決まりがあり、それを超えると受取りを断られることがあります。特に運賃の単位以下の1円と5円の貨幣硬貨は支払い時の受領確認に時間がかかることから、タクシーの支払いに使うのは避けるべきでしょう。1円と5円硬貨はバスや電車での自販機や車内精算機でも使えません。

●クレジットカード

カードOKといったサインボードが付いているとか、カードブランドのステッカーが貼ってあるタクシーならクレジットカードが使えます。問題となるのは通信状態が悪い場所では、カードの支払い認証ができないことと、何らかのトラブルで支払い承認ができない場合です。またクレジットカードの支払いは、ドライバーの機材の熟練度によって時間が異なるの

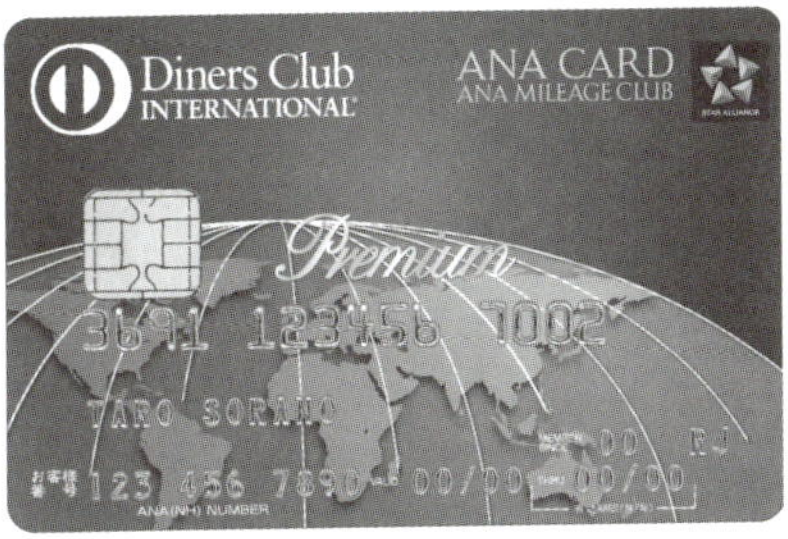

◀ANAカード
航空会社の提携クレジットカード。この支払いならマイルが貯まります。

で、急いでいる時にはイライラする方もいるでしょう。古いタイプの機材だとまだサインが必要なタクシーもあり、早く降車したい方には不向きです。ただクレジットカードのポイントやマイルが貯まるメリットは、特に高額な支払いの場合では魅力です。

●電子マネー

最近タクシーでは非接触型の電子マネー（Ｓｕｉｃａなど交通系ＩＣカード、ＷＡＯＮ、楽天Ｅｄｙなどの流通系ＩＣカード等）で支払えるようになっています。ドライバーに支払い方法を伝えると車内で用意されたタッチ端末にかざすだけで支払いが完了し、現金払いの際の釣銭やクレジットカードのようなサインや暗証番号入力の手間もいりません。タクシーの支払いで最もスマートな方法のひとつだと思います。問題となる点は残高が不足していると、支払い方法が複雑になり時間が余計にかかってしまったり、最終的にできなくなったりすることです。残高不足は電子マネー払いの利点を活かせなくなります。

◀Ｓｕｉｃａ
全国共通交通ＩＣカードのひとつ。釣銭不要でタクシーの支払いに便利です。

●タクシーチケット

都市部の大手タクシーや全国組織に加盟した個人タクシーなどでは、タクシーチケットが利用できます。タクシーチケットには様々な種類があり、複数のタクシー会社で使え、共通タクシー券、大手企業が個別に発行しているその会社の契約タクシー会社ならどこでも使える独自チケットなど、タクシーチケットによって利用できるタクシー会社が異なります。クレジットカード会社の発行しているチケットには紙製チケットに加え専用カード型のものもありますが、利用できるタクシー会社は紙製よりも限定されます。また一部は利用金額の制限があります。タクシーチケットを個人で利用するには、発行前に審査があるのが一般的です。タクシーチケットの多くは法人の業務用に使われていますが、便利な反面、悪用される危険もあります。その利用と管理には注意が必要です。供与した前提とは違う使い方をされ、犯罪事件となったケースもあるからです。各種の全国共通チケットやクレジット会社のタクシーチケットは全国各地で使えるので、とても便利です。

●クーポン券など

自治体などが発行している福祉タクシークーポンなども、タクシーの支払いで使うことができます。ただし利用可能なタクシーと利用地区は、その

◀「愛のタクシーチケット」ホームページ　全国のタクシー会社で使えるタクシーチケットを発行しています。

クーポンで予め決まっていて、どこでも金券同様に使うことができないものがほとんどです。また地域振興のために販売するタクシークーポンなど地域と期間を定めた事前購入型の割引クーポンなど、タクシーの支払いに使えるクーポンは不定期に販売されるケースもあります。その他個別タクシー会社が発行販売している自社タクシー専用のタクシークーポンなど様々なタクシークーポンが存在しますが、年々減少する傾向にあります。クーポンの種類によって釣銭がもらえるものともらえないものがある点に注意しましょう。

●QRコードなどのスマホ決済

タクシーの支払いにも新たに登場してきたのがQRコード型のネット払いです。釣銭いらずのスマホ決済で便利です。この支払方法を使えるタクシーは都市部中心に増加傾向にあります。東京区部においては、30歳代ではクレジットカードに次いで、タクシーの支払い手段の二番目に多い方法(2024年東京タクシーアンケート調査結果)となっています。またQRコードは決済会社毎に異なる決済サービスで、タクシーによって対応できる種類が限られている点に注意しましょう。

◀タクシー車内でのQRコード払い(PayPay)
最近は利用できるタクシーも増えてきています。

●アプリでの支払い

アプリでの支払い方法は、アプリによって異なります。前述の現金・クレジットカード、電子マネー、QRコードを車内決済に選択できるものもあれば、事前に登録したクレジットカードでしか利用できないものもあり、アプリの種類によって支払い方法が違います。アプリの利点を最大限に活用できる支払い方法は、事前にクレジットカードを登録しておき、支払いを自動引き落としにしておくと降車がスムーズになる方式です。

タクシー料金の支払い方法　2023年東京区部・武三地域

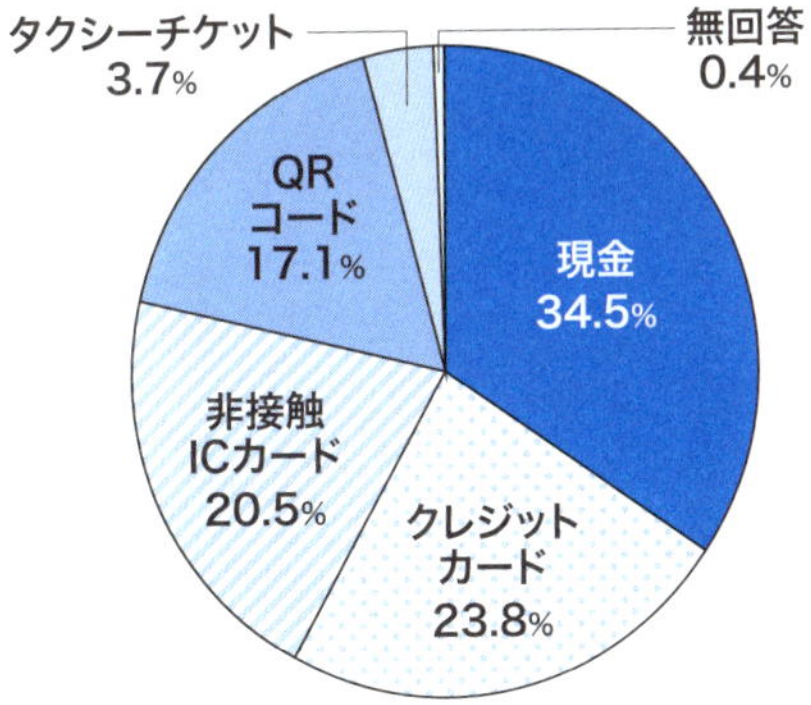

出典：2024年東京タクシーアンケート（一般社団法人東京ハイヤー・タクシー協会）をもとに筆者作成

まとめ

❶タクシーの利用に際して、支払い方法によって異なる特性を知っておくことで、賢い使い分けが可能。

❷クレジットカードやICカード用の機材の不具合や通信不良が発生することなどに備え、基本的には現金を含む複数の支払い手段を所持していることが望ましい。

❸現金以外の支払いを確実にしたいなら、乗車時に目的地を告げる前（メーターを入れる前）に、自分が利用したい支払い方法やチケット、クーポンをドライバーにたずねて了解をとるのが賢明。

タクシー利用の基礎知識⑨
タクシーの種類

最近ではタクシーにも一般的な旅客輸送以外にいろいろな機能をもった種類のタクシーが増えています。地方では一般タクシーしかない営業地域が多いですが、都市部では様々な機能を付加したタクシーがあり、用途別にいろいろな種類のタクシーを使い分けできます。こうしたサービスにより、以前のタクシーでは利用できなかった状況にも対応可能になってきています。

●一般タクシー＆付加価値サービス

一般タクシーは予約しないで、空車であればいつでも乗ることができます。そうした一般のタクシー会社でも都市部の大手タクシー会社を中心に単純な乗客輸送に加えて、付加価値サービスを追加して提供する事業を拡大してきています。主なものは次の通りですが、会社によって名称や内容が異なります。これらのサービスによっては事前の登録や予約が必要で、また追加の料金が（＊印のもの）かかります。

⑴介助（サポート）サービス（＊）

◀一般タクシー（２０２４年７月　東京・自由通り）
東京都内では住宅地の主要通りでも流し営業の一般タクシーを見かけます。

(2) キッズ（子育て）タクシー（＊）
(3) 観光タクシー（＊）
(4) 陣痛タクシー
(5) 女性ドライバー指定（＊）

●介護タクシー

介護タクシーには、介護タクシーと介護保険タクシーの2種類があり、介護保険タクシーは利用者や利用目的が限定されます。そのかわり、条件を満たせば介護保険が利用可能となります。介護タクシーはそのサービス内容は福祉タクシーとほぼ同じですが、車両が車いすやストレッチャーをそのまま乗降できるようになっている電動リフトや回転シートを備えている車両が多く採用されているのが特徴です。乗客の介助をできる有資格者が乗務しており、料金は一般タクシーと異なります。

●福祉タクシー

福祉タクシーは事前予約が必要です。利用対象者は肢体不自由、内部障害等の障害により単独での移動が困難な者であって、単独でタクシーその他の

◀NPO法人日本福祉タクシー協会のホームページ
全国各地の福祉タクシーのことを知ることができます。

公共交通機関を利用することが困難な者や消防機関又は消防機関と連携するコールセンターを介して患者等搬送事業者による搬送サービスの提供を受ける患者などです。付添人の方や体の調子が悪い方でも利用することが可能です。利用目的も制限がありませんが、運転手に介助などを頼む場合、運賃の他に介助料が発生することがあります。料金は一般タクシーと異なります。

●ペットタクシー

ペットをゲージなどに入れることなく同乗可能なペット専用のタクシーです。料金は一般タクシーと異なり、車両も大型バンタイプなどを使用します。まだ大都市など限られた地域でしか利用できません。これ以外の似たサービスには、動物病院の送迎サービス（飼い主の同乗可で有料）もあります。

●乗合タクシー等自家用有償旅客運送

日本では過疎地や一部観光路線など特別な交通環境で許可されている認可サービスです。空港送迎、路線バスの減便・廃止の代替、交通空白地帯の解消及び、高齢者などの交通弱者の公共施設等への移送手段として使われています。自家用有償旅客運送（交通空白地有償運送）として2006年からス

◀のと里山空港乗合タクシー（自家用有償旅客運送）
能登空港から和倉温泉などへの移動に利用できます。

タートしました。その後制度の諸条件が改良され、全国各地で広がりつつあります。その多くは事前予約が必要で、WEB予約や担当部署へ電話予約して利用するのが一般的です。2024年8月から国交省が「公共ライドシェア」という名称に統一し、普及支援を推進することになりました。

●「日本版ライドシェア」

2024年4月から日本で実施されている「日本版ライドシェア」は、タクシー不足を補完するために新設された一般タクシーの代替的なサービスです。実施可能な営業地区、実施期間（曜日と時間帯）は限定され、第二種免許保持者ではない一般ドライバーがタクシー会社の指導管理下で、タクシーと同じ旅客運送を行うサービスです。料金は一般タクシーと同じで、アプリを使った運賃事前確定型運賃のチケットレス決済専用サービスです。車両は事前審査に通ったドライバーの自家用車が使われますが、場合によってはタクシー会社の車両が使われることもあります。利用するにはスマホでタクシーアプリを使い、タクシー配車と同様に配車希望を指定することで利用可能となります。利用方法については後述の「タクシーアプリの種類と概要」（P72）と第4章に関連事項を記載していますのでその項目を参考にしてください。

まとめ

❶日本のタクシーも社会的ニーズが多様化するのに呼応して、単なる乗客の運送にとどまらず、様々な付加価値サービスを提供。
❷介護タクシー、福祉タクシー、ペットタクシーなどの特定の専門サービスを提供するタクシー会社は予約利用が前提。
❸タクシーの稼働台数が曜日や時間帯によって大幅に不足している地域では、タクシー会社が管理するパートタイマーの一般ドライバーによる「日本版ライドシェア」がスタート。

タクシー利用の基礎知識⑩

タクシーの車種

タクシーには様々な車両が使われるようになり、都市部中心に一部のタクシー会社では、車両タイプ（車種区分が異なる場合があります）を指定して配車や予約ができます。法令が定める車種区分によって運賃は異なります。またタクシー会社が定めた料金が別途必要になる場合もあります。ただし特定の車両ブランドやジャパンタクシーのスロープ仕様など細部条件を指定しての予約はできない場合があります。

●車両排気量＆乗車定員での区別

一般タクシーには車両排気量などのサイズで、以前は大型、中型、小型の区分がありました。現在では小型と中型の区別はなくなり、普通車、大型車、特定大型車（ジャンボタクシー）に分類されています。運賃は三つとも異なります。タクシーに使用する車両規制が撤廃になってから、個人タクシーでは大型に分類される車両を普通車として使用している場合もあります。

◀ワゴンタイプのタクシー（２０２４年６月　羽田空港Ｔ３タクシー乗り場）タクシー乗り場からの乗車では特別料金はかかりません。

●車両のタイプでの区分

タクシーにはセダン、ワゴンなど様々なタイプの車両が使用されるようになってきています。このことは以前あったタクシーに使用する車両規制が撤廃されたことによります。タクシー会社によっては、ホームページに使用車両を掲載してあり、車両タイプや特定のブランド車両を指定して配車、予約が可能です。特定のワゴンなどは車種別運賃が異なることやタクシー会社が定める特別手配料がかかる場合があります。また法人タクシーの一部高級車はハイヤー利用に限定されることもあります。

●流し営業と配車依頼の場合で料金が違うことがある

ワゴンタイプのタクシー車両が流し営業していることもあり、予約なしで利用した場合は、配車依頼や予約で必要となる特別料金がかからないことがあります。こうした特別車両はその需要の度合いで、追加料金に変動制をとっている会社があり、料金体系や車両指定など利用方法はちょっと複雑で、タクシー会社によって異なります。

まとめ

❶現在のタクシー車種区分は、普通車、大型車、特定大型車（ジャンボタクシー）に分類され、運賃は三つとも異なる。
❷タクシー会社によっては利用するシーンに応じてタクシーの車両タイプや特定ブランドの高級車を選んで利用可能。
❸特定タイプの車両を指定する場合では、運賃や利用料は車両や利用方法（流し営業中のフリー乗車や配車指定予約など）で異なる。

タクシー利用の基礎知識⑪
タクシー車両の整備と耐久性

タクシーの車両は一般の自家用車にくらべ、車両の耐久性（走行距離）が長いのが特徴です。タクシーは自家用車に比べて安全運転に欠かせないこまめなメンテナンス（整備と点検）を受ける機会が多いことが長持ちする主たる理由と思われます。

◀法人タクシー車両のサイドミラーはフェンダーミラーが多い
フェンダーミラーは視野が広く見やすく安全性が高いとされます。

●日常点検整備と定期点検整備が義務

道路運送車両法（定期点検整備）第48条によると「自動車の使用者は、次の各号に掲げる自動車について、それぞれ当該各号に掲げる期間ごとに、点検の時期及び自動車の種別、用途等に応じ国土交通省令で定める技術上の基準により自動車を点検しなければならない」と定められています。タクシーは事業用車に分類され、法定点検は3ヶ月・12ヶ月ごとに行なわなければなりません。法定点検はクルマが故障なく快適に走れるかどうかを確認するもので、タクシーのように事業に使用する場合は保安基準に適合するよう維持しなければならず、そのため、日常点検整備と定期点検整備が義務づけられています。法定点検の項目は自家用車の12ヶ月点検が29項目なのに対し、タクシーなどの事業用車の3ヶ月点検では51項目、12ヶ月点検では101項目もあります。事業用車の点検項目にはブレーキのきき具合やタイヤの状態、ホイールナット・ボルトの緩みなどが加わっています。事業用車で3ヶ月点検を実施しなかった場合には、30万円以下の罰金が科せられます。

●一定規模のタクシー会社は専用の整備工場が完備している

また大手タクシー会社の多くは自社車庫に専用の整備工場を完備しており、毎日細かな日常点検整備はもちろんのこと、ちょっとした車内の不具合も見逃さない車両のメンテナンスが徹底されています。

●タクシー車両の再利用

タクシーの寿命（最終的な走行距離）は平均的には約40万kmとされています。昼夜交代してほぼ24時間走り続けていますので、新車から4～5年で寿命となるようです。故障したら修理や部品交換しての距離ですが、大都市の大手タクシー会社が使った車両はそれでも状態（程度）がよいので、地方へ再度タクシー用等に転売されることもあるようです。

まとめ

❶タクシーに使用した車両は一般車に比べの耐久性が長い点にはそれなりの理由がある。

❷タクシー車両の点検整備には一般車と異なる厳しい基準と義務が課せられている。

❸大手タクシー会社には専用の整備工場が自社車庫内に併設しているところが多い。

タクシー利用の基礎知識⑫
タクシーアプリの種類と概要

タクシー利用で最近注目の利用方法はスマホのアプリを使う方法です。この方法は今まで電話等で申し込んだ迎車や予約を、スマホを使うことで、乗客の都合に合わせた配車依頼ができます。ただしアプリは利用できる地域、時間帯、タクシー会社、支払い方法、料金体系がその種類で異なります。迎車料金不要なタクシー会社を指定してのアプリ利用はその分混み合うことなど、条件差が利便性にも影響がある点を知って使い分けましょう。さらに乗客がタクシー会社を選べたり予約をキャンセルできたりするのと同じく、タクシー側にも駐停車禁止区域や危険な乗降場所や規定以上の待機時間などでタクシードライバーが問題ありと判断すると、乗客を選べる仕組み（予約の中途キャンセル）を許容しているアプリもあります。もともと流しのタクシーの配車依頼はタクシードライバーの了解のもと成立している業務であり、原則的に運行管理者が強制できません。以前からの電話での配車も、タクシー無線に応じてドライバーが受託する条件で成立していました。この配車依頼の原則はアプリでも同じです。アプリは万能のタクシー乗車方法では

◀スマホでのタクシーアプリ広告（東京無線）
スマホのアプリ広告はすぐにダウンロードして使えます。

ありません。本書執筆開始時点（2024年6月末）で使える主要なタクシーアプリの一覧を74―75ページにまとめて掲載してあります。タクシーアプリは次々と新たなものが登場し、また改廃も頻発しています。本項の情報は参考情報として、各アプリのホームページで確認して使用することをお勧めします。なおタクシーアプリの実際の利用法に関しては次の項目「タクシーアプリ利用の実際」（P76）を参照ください。

●全国各地で使用できる共通型のタクシーアプリ

タクシーアプリの中で、全国各地で使えるタイプの共通型のタクシーアプリ（GOやS.RIDE等）は徐々にサービスエリアを拡大しています。もともとタクシーの営業地域は細分化されており、アプリには機能差があるので、出張や旅行で色々な場所で使いたい方は、複数のアプリを使い分けることになります。

●地方または固有のタクシー会社のタクシーアプリ

タクシー事業は全国に営業地域が細かく分かれていて、個別タクシー会社の提供するアプリでは迎車料金やアプリ料金がかからないものが多くありま

◀主なタクシーアプリのアイコン
アプリをインストールするとこのアイコンがスマホ上に表示されます。

す。個々の特徴は一覧表を参照に個別のホームページを参照してください。

●「日本版ライドシェア」が可能なアプリ

「日本版ライドシェア」は、アプリを使って利用することになります。本書執筆時点では次の四つのアプリで利用できることになっていますが、地域によって一部は利用開始時期が未定です。「日本版ライドシェア」を利用できる地区は全国の一部（東京特別区・武三地域、京都市等）から開始し、順次拡大していますが、地域ごとに利用できる曜日と時間帯が異なります。またアプリによってはライドシェア車を指定または除外しての配車指定ができないもの（混合配車）があります。利用方法は事前確定型の運賃のみで、キャッシュレス決済となります。一般車両を使用した「日本版ライドシェア」では車内で領収書がもらえない、自動ドアでないため乗客自身での開閉など、タクシーとは異なる点があります。

「日本版ライドシェア」の利用できるタクシーアプリは、本書執筆時点（２０２４年5月末日現在）次の４種です。

(1)GO：ライドシェアを指定又は除外できる。一部会社は混合配車のみ。

(2)Uber：ライドシェアを指定又は除外できる

主要地域での「日本版ライドシェア」実施時間帯　　2024年10月現在

地域	曜日	地域	地域	曜日	地域
東京特別区 武三地域	月〜木	午前7〜11時	京都市	月	午後4〜8時
	金	午前7〜11時、午後4〜8時		火	午前0〜5時
	土	午前0〜5時、午後4〜8時		水、木	午前0〜5時、午後4〜8時
	日	午前10時〜午後2時		金	午前0〜5時、午後4〜翌午前6時
名古屋市	金	午後4〜8時		土、日	午後4〜翌午前6時
	土	午前0〜4時	神戸市	水	午前0〜4時
大阪市	金	午後4〜8時		金	午前0〜4時、午後4〜翌午前6時
	土	午前0〜4時、午後4〜8時		土	午後4〜翌午前6時

上記地域には一部周辺地域も含む　雨天・猛暑時は例外適用あり

(3) S・RIDE：タクシーとの混合配車のみ。
(4) DiDi：タクシーとの混合配車のみ。

タクシーアプリ利用率2023年(東京都)*

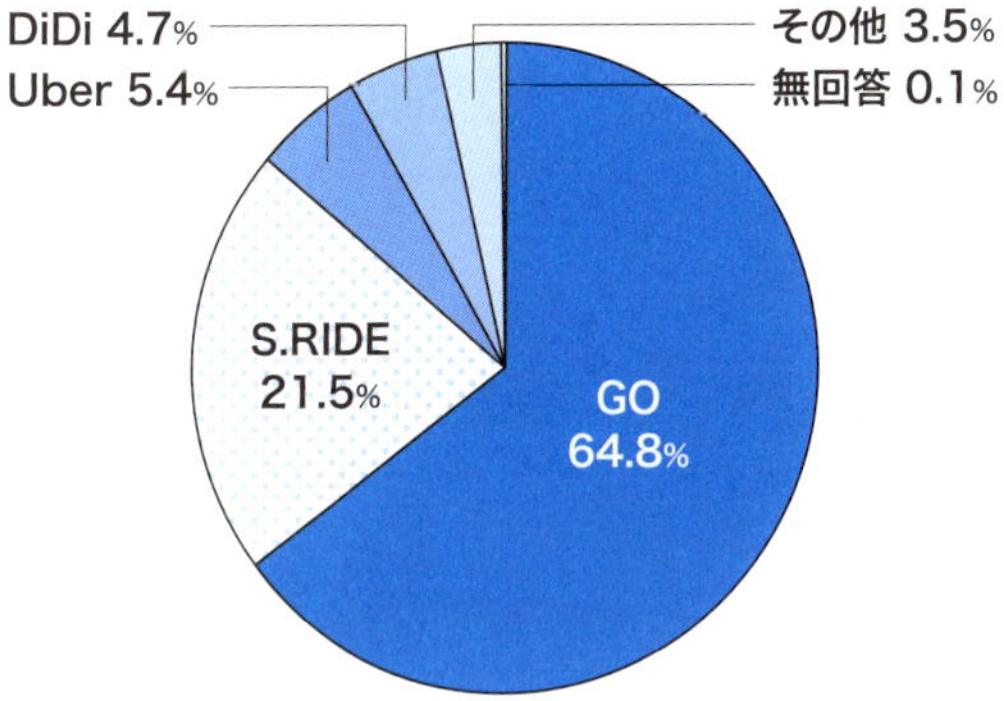

＊2023年度(第32回) タクシーに関するアンケート調査結果(一般社団法人東京ハイヤー・タクシー協会)から筆者が作成

まとめ

❶日本のタクシー業界にタクシーアプリが登場したことは、革新的な出来事。
❷アプリ配車が定着していたことで、日本のタクシー業界との妥協策として「日本版ライドシェア」が短時間で登場し、行政としてタクシー不足の緊急事態に対する解決策を具現化。
❸タクシーアプリは利用者のタクシーの乗り方を大きく変えつつある。

2024年6月現在（著者独自調査）

対応機種		主な加盟タクシー会社
Iphone	Android	
○	○	日本交通他多数
○	○	日の丸交通他多数
○	○	名鉄交通他多数
○	○	グリーンキャブ他多数
○	○	MKタクシー
○	○	第一交通
○	○	大和自動車
○	○	株式会社トラン
○	○	SKホールディングス株式会社
○	○	仙台無線タクシー協同組合
○	○	帝都自動車交通・京王タクシー他
○	○	日個連東京都営業協同組合
○	○	東都タクシー
○	○	国際交通（km）
○	○	東京無線協同組合
○	○	国際交通（km）
○	○	日本交通
○	○	神奈中タクシー
○	○	アサヒタクシー株式会社
○	○	つくば観光交通
○	○	名古屋鉄道
○	○	つばめタクシー
○	○	遠鉄タクシー
○	○	株式会社日本タクシー
○	○	まきタクシー
○	○	NK交通
○	○	万代タクシー
○	×	高岡交通
○	○	南信州広域タクシー有限会社
○	○	アルピコタクシー
○	○	ケイカン交通、福井交通
○	○	阪急タクシー
○	○	日本タクシー
○	○	相互タクシー
○	○	両備タクシーセンター
○	○	中央タクシー株式会社
○	○	勝山タクシー
○	○	旭タクシー
○	○	ラッキー自動車株式会社
○	○	宮児タクシー
○	○	沖東タクシーグループ
○	○	ニアミー

日本各地の主なタクシーアプリ一覧

地域区分	実施地区	アプリ名
全国	45都道府県	GO
	14都市圏	Uber Taxi
	14都道府県	DiDi
	10都府県	S.RIDE
	8都市圏	MKタクシースマホ配車
	33都市圏	モタク
	東京・北海道・名古屋市	大和自動車交通タクシー配車
	47都道府県	らくらくタクシー
北海道	札幌市・石狩市	SKタクシー
東北	仙台市	仙台無線
関東	東京・千葉	ココきて・TAXI
	東京	にっこり
	東京	すまほde東都タクシー
	東京・横浜	フルクル
	東京	東京無線アプリ
	東京	kmタクシーアプリ
	東京	キッズタクシーアプリ
	神奈川県	神奈中タクシーアプリ
	横浜市中区・西区・都筑区	アサヒタクシーアプリ
	東京都小金井市	つくば観光公式アプリ
中部	愛知県・岐阜県	CentX
	名古屋市	スマタク
	浜松市	EタクPlus
	岐阜県	TAXI STAND
	新潟市・燕市	まきタクシー自動配車アプリ
	新潟市	NKタクシー配車アプリ
	新潟市	万代タクシーアプリ
	高岡市	高岡交通タクシースマホ配車
	飯田市	アップルキャブ専用無料配車アプリ
	松本市・塩尻市	アルピコタクシーの配車アプリ
	福井県	京福グループタクシー配車アプリ
関西	大阪・兵庫・京都	阪急タクシースマホ配車
	大阪府	スマハイ
	和歌山市	SOGO配車アプリ
中四国	岡山市	TAXI.come
九州・沖縄	北九州市	中央タクシースマホ配車(ハイタク)
	北九州市	勝山タクシーアプリ
	熊本市	旭タクシーモバイルコール
	佐世保市	佐世保ラッキーグループ配車アプリ
	宮崎市	宮児タクシー配車
	沖縄県	沖東タクシー
相乗り空港送迎		ニアミー

タクシー利用の基礎知識⑬
タクシーアプリ利用の実際

本書の読者には、まだタクシーアプリを使ったことがない方もおられるかもしれません。そこで本項では簡単にタクシーアプリ利用の実際例をコンパクトにまとめてみます。

◀Google Playでタクシーアプリの検索結果
ここから利用したいアプリを選んでインストールします。

●タクシーアプリの選択

前項で示したように、全国各地には様々なタクシーアプリがあります。ただし地方の一部にはまだ利用可能なアプリがない地域もあり、まず利用したい地域で利用可能なタクシーアプリを事前に調べることから始めます。一番簡単な方法は普段からよく利用するタクシー会社に問い合わせることですが、各地のタクシー協会のホームページでも知ることができます。また全国各地で利用できる共通型のタクシーアプリのホームページでも利用可能な地域を確認できます。

●タクシーアプリのインストール

自分が使いたいタクシーアプリが見つかったなら、そのアプリを自分のスマホにインストールします。主だったものはi-phoneならApple Store、OSがアンドロイドのスマホならGoogle Playの中からインストールできます。個別タクシー会社のアプリはタクシー会社のホームページ上にある案内にそってインストールします。

●タクシーアプリのセットアップ

タクシーアプリが自分のスマホにインストールされたなら、まずそのアプリを開いて、実際のタクシー配車に使えるように、セットアップ（初期設定）をします。利用者の氏名、ケータイ番号、メールアドレス、決済カードなどを入力すると、実際のタクシー利用の準備が整います。必須の入力項目はアプリによって異なります。カード登録をしないで利用できるアプリもありますが、降車を素早くするなどタクシーアプリの機能を最大限に活用したい方には、カード登録はしておいたほうが後々便利です。またこうした面倒なセットアップが不要な「フルフル」のようなアプリもあります。

●タクシーアプリの使用開始

タクシーアプリを実際に利用する前に、タクシーを呼ぶ方法をアプリで練

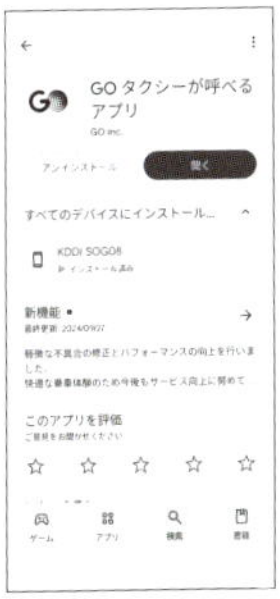

◀GOアプリインストール画面
インストールが終了するとボタンが「開く」になります。

習することができます。アプリのインストラクション（案内）にそって、乗る場所を指定（住所を入力するか、地図上でピンを立てるなど）すると、実際迎車可能なタクシーが表示されますが、申し込みボタンを押さないかぎり、配車が決定されることはありません。この時点でアプリを終了してしまえば、練習も終わります。このように大体の要領がわかれば、次は実際のタクシー配車をアプリを使って利用できることになります。

◀GOアプリ　メニュー画面
この画面から各種の設定が可能になります。

●タクシーアプリでの迎車料金とアプリ使用料

タクシーアプリの利用に際しては、アプリによって迎車料金とアプリ手数料が運賃以外に必要となる場合があります。この二つの料金はアプリの種類、タクシー会社や地域によって不要なケースもあり、事前に確認できます。その確認方法はアプリごとに異なります。迎車料金もタクシー会社ごとに異なります。迎車料金が選択可能な場合もあるのに対し、アプリ手数料はアプリとその利用地域で一律に定まっている料金です。同じ地域で迎車料金のかからないタクシー会社を選べても、配車対象車両が限定され配車時間が余計にかかることなどは了解しなければなりません。主なタクシーアプリの迎車料金とアプリ手数料は一覧表（P80）を参照ください。

●タクシーアプリでのクーポンなどお得な使い方

タクシーアプリの利用促進に向けて、各アプリではキャンペーンや優待特典を用意しています。友達紹介割引や割引クーポン、リピート乗車でのポイントなどアプリによって様々です。期間や地域を限定して実施されるものがあり、アプリのお知らせなどに記載されますので、こうした販促施策を上手に使うとお得にタクシーを利用できます。また一定期間に利用数を重ねると会員ランクがアップし、配車の優先度が上がるサービスを実施しているアプリもあります。

●タクシーアプリ利用の注意事項

タクシーアプリを使う際の主な注意事項は次の通りです。

(1)乗車時には基本的にドライバーが乗客（手配者）の氏名を確認します。この確認がない場合は、自分のアプリで車両番号を確認し、他の人が呼んだタクシーに間違って乗車しないように注意しましょう。同じ場所に同じタクシー会社の他人が呼んだ車両が来て、それに間違って乗車し他人の支払いになるトラブルが稀に発生することがあります。

(2)むやみとキャンセルをしない。キャンセル回数が多い利用者には、一時的

◀Uberキャンペーンメール
期間限定のキャンペーンがメールで告知されます。

に申し込みにロックがかかるペナルティーを科すアプリがあります。

(3)アプリに登録のクレジットカードが、利用するタクシー会社が未契約で利用できない時は、現金払いに変更します。

(4)アプリに登録カードの決済承認がおりない場合には、アプリを利用できないケースも発生します。

(5)タクシーアプリでは迎車場所の選択に注意を払いましょう。乗車希望場所が法規上等の理由で配車できない場所もあります。アプリ上で指定できないか、迎車決定後にドライバー側からキャンセルされることもあります。

主なタクシーアプリの迎車料金とアプリ手数料一覧

アプリ名	迎車料金	アプリ手数料	確認方法
GO	基本的に必要。(会社によっては不要で、地方に多い。)	一部必要(¥100)。(会社によっては不要で、地方に多い。)	アプリ内タクシー会社一覧。
Uber	必要地域(東京 / 千葉 / 神奈川 / 名古屋 / 大阪 / 京都 / 神戸 / 福山 / 金沢 / 札幌 / 福岡)の一部の会社。	一部必要(¥100)。(東京23区発の場合)	アプリで配車リクエストをする際のアプリ画面。アプリの見積り料金には表示されない。
DiDi	基本的に必要。(会社によっては不要)	一部必要(¥100)。	アプリで配車注文前のアプリ画面。
S.RIDE	基本的に必要。(会社によっては不要)	一部必要(¥100)。	不要
フルクル	不要	不要	初期設定も不要
MKタクシースマホ配車	地区によって異なる。	不要	各地区コールセンターへ電話問い合わせ。

2024年6月現在

まとめ

❶タクシーアプリの利用にはアプリを自分のスマホにインストールした後、使用開始前に初期設定をする必要があるものがほとんど。

❷タクシーアプリでの配車では、迎車料金とアプリ手数料が必要な場合がある。アプリや地域によっては迎車料金が不要なタクシー会社を選ぶことも可能。アプリ手数料はアプリごとに特定地域に適用。

❸タクシーアプリ利用にあたってアプリ固有の注意点がある。

How to take a taxi

第3章

タクシー利用者の疑問とその真実

日頃タクシーを利用していて、自分の思い通りにならないことが結構あるのではないでしょうか？ そうした場面では、とにかく急いでいることが多いので、タクシー利用の疑問や不満を感じることがある一方で、多くの利用者はそれらを直接ドライバーに伝える機会や意欲を持たないかもしれません。また短い乗車時間の中で、ドライバーが十分な説明をする余裕がないこともあるでしょう。しかし、タクシーサービス本来の姿を知ることで、利用者とドライバーの双方にとって、よりよい経験につながる可能性があります。誰もが不思議に思っているタクシーに関する様々な疑問点も、その背後にある事情がわかれば、より快適に利用できるようになると思います。本項では今まで知ることができなかったタクシー利用時の様々な疑問点を、タクシードライバーから真実の声を聞くと同時に、乗車機会の多いタクシー利用の達人たちの工夫に注目してみましょう。

タクシー利用者の疑問とその真実①
乗車拒否

タクシー利用時に「乗車拒否」（乗車希望の合図を無視されることを含む）をされたことがある方がいると思います。「乗車拒否」はタクシー利用時の代表的なトラブルです。しかしタクシードライバー側からみると、その実態はかなり異なります。私が実際ドライバーになってからわかったのは、お客様が思っているように乗車意志がドライバーに伝わっていないことや、タクシーに課せられている法令規則を利用者（乗客）が理解していないことに起因することが実に多いのです。

大きな通りで歩道に面していないためにすぐに乗車できない車両走行車線（第二車線ともいいます）を空車で走行しているタクシーはすぐに乗客（お客様）を乗せられません。道端からこうしたタクシーを呼ぶと、急な車線変更で歩道側に寄せることになり、危ないのでお勧めできません。手を挙げていてもタクシーに素通りされたりする経験をした方もいるかもしれません。こうした行動には、ドライバーの個人的な判断だけでなく、シフトの終了時間や休憩時間、あるいは特定の地域への移動の必要性など

◀銀座乗車禁止地区の道路標識
東京や大阪などの大都市には時間帯によってタクシーの乗車が制限されるエリアがあります。

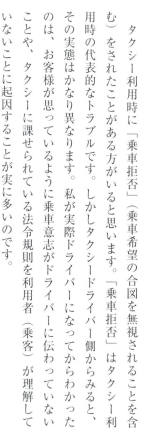

（こうした場合は「回送」として表示して走行します）、様々な要因が影響している可能性があります。ただし、正当な理由なく乗車を拒否することは法律で禁止されており、多くのタクシー会社が顧客サービスの向上に努めています。本項ではタクシーの捕まえ方として不適切で「乗車拒否」されたと勘違いしやすい例とその対策を分類してみましょう。

●乗車意志がドライバーに伝わらない例

(1) 暗がりや目立たない服装など乗車希望者の姿が見えづらい場合

対策：明るい街灯の下で合図する。スマホ画面をタクシーに向けて振る等。

(2) 深夜交通量が少ない幹線道路

対策：スピードを出して盛り場に移動する空車が多いので、タクシーが止まりやすい信号のある交差点の近く（5mは離れる）で合図する。

(3) 駐停車禁止場所（交差点、バス停等）での乗車

対策：禁止場所から離れたタクシーが幅寄せしやすい場所で合図する。交差点付近でのタクシーに安全に乗りやすい位置は下図を参照。

(4) 乗車禁止（＊1）地区（東京・銀座地区など）の規制時間帯

対策：指定のタクシー乗り場から乗る。乗車禁止地区へはアプリでも呼べません。

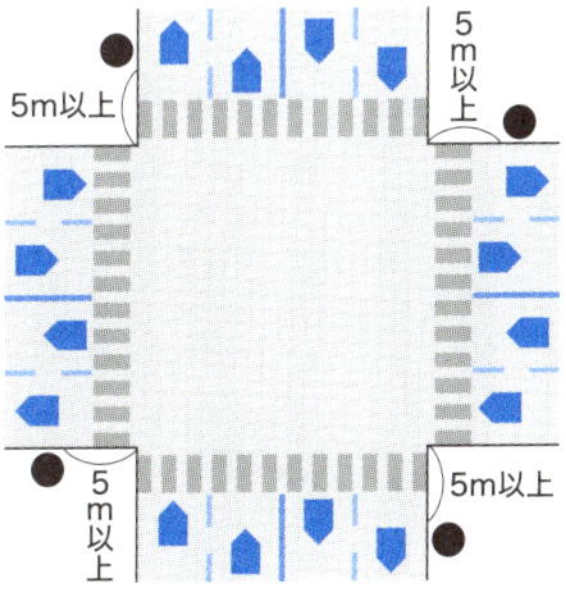

◀交差点付近での望ましい乗車位置
進行したい方向によって安全な位置（黒マル）（交差点から5m以上離れる）があります。

＊1：タクシー乗車禁止地区：東京（銀座地区）、大阪（北新地、南地）、福岡（中州地区）などでは、曜日と時間指定限定で指定の乗り場でしか空車タクシーに乗車できない指定エリア制限がある。

●営業地域（＊2）以外のタクシーやタクシー乗り場の手前などの例

(1)営業地域以外のタクシー利用

対策：営業地域内のタクシーが来るのを待つ。アプリや電話で配車依頼する。

(2)主要ターミナル駅や空港のタクシー乗り場の手前

対策：大きな駅や空港のタクシー乗り場は進入経路が指定され、付近での乗車は禁止指導されている（タクシーセンター等の指示や警察の指導など）場合が多いので、タクシー乗り場から乗るか、十分離れた場所に移動する。

●予約・迎車・回送のタクシーしか通らないなどの例

(1)予約・迎車・回送等表示のタクシーばかりで空車タクシーが拾えない。

対策：こうしたタクシーは乗車拒否ではないので、アプリや電話予約をするか近くのタクシー乗り場に並ぶなど方針変更が賢明です。

(2)タクシー乗り場などからの乗車で、行先を伝えると遠回りになるから違う場所から乗ることを勧められた。（遠まわしな乗車拒否）

対策：どれくらい高くなるか聞いた上で、遠回りとなっても構わないからといって乗り続けるかを判断する。急いでいる場合や荷物が多い場合などで

＊2：タクシーの営業地域：タクシーにはその車両に指定されている営業地域が定められていて、旅客輸送の制限がある。

◀銀座地区タクシー乗り場（一番乗り場）首都高入口に最短な場所なので乗禁時間帯で一番人気の乗り場です。

は、私の経験では、とにかく早く乗ったほうが少し高くついてもすぐ移動できることが多かったと思います。ただしどこでもUターンができるとは限りません。

●合法的に乗車拒否される例

(1)酩酊するなどして行先が正確に言えない乗客等。

対策：行先が正確に意思表示できる同行者に一緒に目的地まで乗ってもらうことにします。寝込んで到着時に起きない場合は、警察を呼んで起こしてもらうことになるので注意が必要です。

(2)危険物や積載不能な携行品、定員オーバー、車内喫煙等。

対策：タクシーで乗客が法令で決められた範囲以上、危険物を携行（＊3）できません。携行品は積載可能な範囲でのサービスで積載量やサイズによっては運行に支障があれば断ることが認められています。定員（＊4）オーバーや車内喫煙は違反行為となります。つまりこうしたケースではタクシーの利用はできません。

＊3：タクシーでの危険物携行の禁止：可燃性液体（ガソリンや灯油等）、大量の花火、刃物（梱包されているもの以外）等は指定危険物。罰則規定あり。

＊4：タクシーの乗車定員：車両定員からドライバー1分（1名）を除いた乗客数を適用。12歳未満の子供は2／3人と数える。

まとめ

❶「乗車拒否」は「様々な禁止事項に抵触してタクシーに乗せられない事案」と混同されることが多い。
❷タクシーの営業上の制約事項やタクシードライバーの行動原理を知っておくと、「乗車拒否」と感じる場面の相当数は回避可能。
❸左側車線を走らない空車タクシーの多くは、初めからお客様を積極的に乗せる努力をしない営業姿勢とみなされる。

タクシー利用者の疑問とその真実②
タクシーに乗る場所とタクシー乗り場

タクシーの乗車方法（乗る場所）は次の四つに大別されます。⑴タクシー乗り場から、⑵手を挙げて（流し営業車）、⑶電話で呼んで、⑷アプリを使って、がその内訳ですが、東京・大阪で一番の上位（＊）は⑴タクシー乗り場からの乗車です。タクシー乗り場の選び方は、タクシー利用の基本といってもよいでしょう。タクシー乗り場には、その立地条件や乗り場固有の性格があり、そういった諸事情を知って使い分けると、その時の状況により適合したタクシー利用ができるようになると思います。

◀伊丹空港のタクシー乗り場表示
大きな空港では行先方面別に乗り場が分かれています。

●タクシー乗り場の種類とその諸事情

タクシー乗り場には設置場所などの事情で、その管理主体が様々です。そのために、一部のタクシー乗り場では、待機できるタクシーの制限があります。典型的な例では、一部私鉄駅のタクシー乗り場は系列のタクシー会社専用となっているケースです。また待機スペース（台数）の制約もあります。運用時間も様々で、24時間運用しているとは限りません。また一部の乗り場

＊：タクシー乗り方２０２３年（東京・大阪）P89グラフ参照
東京：東京ハイヤー・タクシー協会調べ
大阪：大阪タクシーセンター調べ

では入構するタクシーに資格条件があったり、入構方法に細部規定があったりして、どのタクシーも自由にタクシー乗り場に並んで客待ちできるとは限らないのです。そうした事情もあり、乗り場近くで乗客を降ろしたタクシーが空車となっても、タクシー乗り場には入らないで立ち去ってしまうといったことがしばしば発生します。次に様々な状況に応じて快適に乗れるタクシー乗り場の選び方とその対策を分類してみましょう。

●優良タクシー乗り場を利用する（東京区部）

優良タクシー乗り場はその名前のとおり、安全・サービスの両面において一定の評価を受けたタクシードライバー、タクシー事業者のみが待機できるタクシー乗り場です。今のところ優良タクシー乗り場は東京区部に限られますが（東京区部27か所、２０２４年8月現在、P89参照）、間違いなく良質な応対が期待できます。

●特定の指定タクシー会社しか待機できない乗り場を利用する

大きな商業施設などには、指定タクシー会社しか待機できない乗り場があります。こうした乗り場は特定のタクシー会社から経験や勤務態度が一定基

◀優良タクシー乗り場マーク（東京駅）
このマークのタクシー乗り場は上質なサービスのタクシーが多くて安心です。

準以上の選ばれたドライバーだけが入場資格を許される場合が多いので、優良なタクシードライバーの車両に乗車できます。

◀スーパーの入口にあったタクシー専用電話（北海道）電話料金が不要で、迎車料金もかかりません。

●一流ホテルやデパート等のタクシー乗り場を利用する

このタイプの乗り場には施設専属の係員がいる場合が多く、タクシードライバーが横柄な態度をとると、会社などに通報され入場を断られたりしますので、丁寧に対応してくれるタクシーに乗れる可能性が高いといえます。

●タクシー会社の専用電話がある施設の乗り場を使う

全国各地の商業施設などにはタクシー会社への通話料が無料の呼び出し専用電話が設置してある乗り場があります。こうした場所は概ね配車がスムーズで、また迎車料金が不要な場合が多いので、安心して利用できる乗り場です。

●タクシーシェルターの乗り場を使う

大きな都市にはタクシー利用者の快適性と利便性を向上させるために、屋根・風雨よけ・ベンチを備えたタクシー乗り場ができてきています。悪天候のタクシー待ちに便利です。

東京区部の優良タクシー乗り場一覧

2024年8月現在

番号	地区	乗り場名
1	新橋	新橋駅東口前
2	東京駅	東京駅丸の内南口前
3	東京駅	東京駅八重洲口前
4	秋葉原	秋葉原駅東側
5	上野	上野駅正面口
6	池袋	池袋駅西口前
7	新宿	新宿駅西口地下前（JR口）
8	新宿	新宿駅西口地下前（京王口）
9	新宿	バスタ新宿
10	渋谷	渋谷駅西口前
11	品川	品川駅西口前（休止中 令和6年2月1日～）
12	青山	青山OMスクエア前
13	羽田空港	羽田空港第5
14	銀座	銀座1号(*)
15	銀座	銀座2号(*)
16	銀座	銀座3号(*)
17	銀座	銀座4号(*)
18	銀座	銀座5号(*)
19	銀座	銀座6号(*)
20	銀座	銀座7号(*)
21	銀座	銀座8号(*)
22	銀座	銀座9号(*)
23	銀座	銀座10号(*)
24	銀座	銀座11号(*)
25	日本橋	三越日本橋本店前
26	日本橋	T-CAT（東京シティエアターミナル）
27	浅草	松屋浅草西側

*：平日午後10時～翌日午前1時まで運用

タクシーの乗り方　2023年　東京

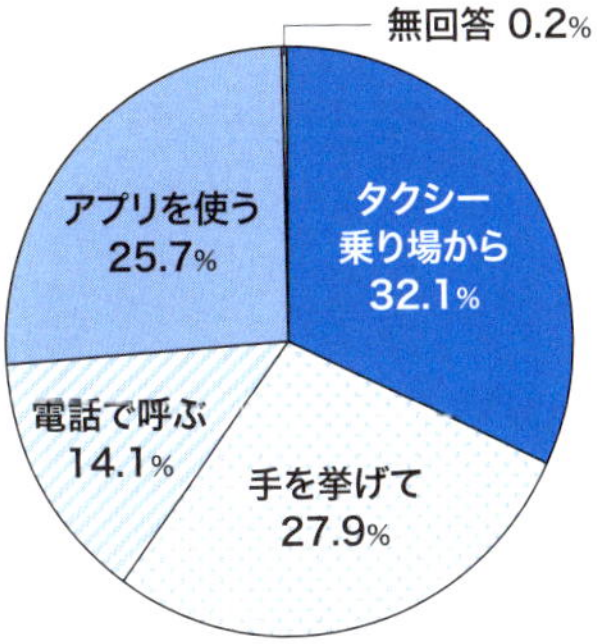

タクシーの乗り方　2023年　大阪

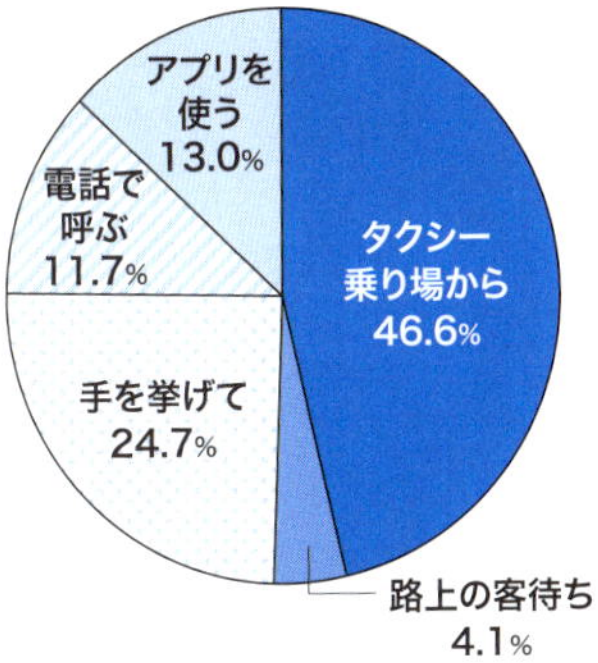

まとめ

❶様々なタクシー乗り場を、その性格と状況に応じて使い分けることは、毎日のようにタクシーを使っているヘビーユーザーが心がけている上手な乗り方の基本。

❷タクシー営業の実態を理解して、タクシー乗り場を選別して利用することで、優良ドライバーが担当するタクシーに乗車できる機会が多くなる。

❸タクシー乗り場にタクシーがいない時、看板に表記があるタクシー会社に配車を依頼した場合は、迎車料金はかからない。

タクシー利用者の疑問とその真実③
迎車と予約

タクシーを呼ぶ場合に「迎車」と「予約」の区別があるのですが、利用者にはその違いがなかなかわかりません。地域や会社によって料金が異なっているからなのですが、その違いをきちんと理解して利用しましょう。大都会や中心都市を除く地方のタクシーでは、迎車料金や予約料金を取らない会社や地域があります。アプリの普及で今まで迎車料金が不要だった会社も迎車料金・予約料金の新設や改定が増えてきています。会社や地域で異なるので、WEB等で確かめるとよいでしょう。利用地域が全国で使えるタクシーアプリの「GO」では、メニューからタクシー会社を選ぶと交通圏（タクシー営業地域）別に各タクシー会社の迎車料金とアプリ手配料を確認できます。

◀タクシーの「迎車」サイン
アプリの普及で有料化するタクシー会社が増えました。

●「予約」には予約料金と迎車料金の二つが運賃に加算される

運賃以外の各種料金はタクシー会社で異なります。その理由は運賃以外の各種料金は法令によりタクシー会社ごとに定めて届出して認可されることになっているからです。そのため迎車料金と予約料金は全国一律ではありません。「迎車料金」とは、すぐにタクシーを呼ぶ場合にかかる料金で、「予約料金」とは時間を決めて呼び出す場合にかかる料金です。呼び出した時点で迎車料金が発生し、時間指定をすると予約料金が加算される仕組みです。予約料金の適用基準開始時刻はタクシー会社ごとに異なりますが、概ね配車依頼時から20分以降の指定時刻から適用されるようです。時間帯によっては予約が不可となっている会社もあることに注意しましょう。

●「迎車」料金の仕組みが地域や会社で異なる

迎車料金は、タクシーの配車を依頼した時点で発生します。迎車料金には一律タイプと「スリップ制」（初乗り料金から迎車距離の分だけ初乗距離が差し引かれる）方式があります。このスリップ制では迎車距離として計算される距離は1～2㎞ほどで上限が決められているため、上限を超えた迎車距離に関しては、初乗距離から差し引かれることはありません。迎車料金ではなく運賃に加算される方式です。あと迎車で指定場所に着いても、一定時間以上（概ね5分以上）待たされると「待機料金」がかかる場合があるので注意しましょう。また車種を指定する際には車種指定料金が発生します。一部の会社では、無料で指定できることもあります。

まとめ

❶「迎車料金」とは、今すぐ来てほしいとタクシーを呼ぶ場合の配車にかかる料金でタクシー会社や地域で異なり、不要な会社もある。
❷「予約料金」とは時間を決めて呼び出す場合にかかる料金。最近では時間帯によってはドライバー不足のため、予約が不可となっている会社もある。
❸アプリの普及で今まで迎車料金が不要だった会社や地域でも迎車料金、予約料金の新設や改定が増えてきている。

タクシー利用者の疑問とその真実④
超遠距離目的地への乗車依頼

タクシーで１００km以上となる超遠距離の乗車依頼は、一見すると高収入が期待できる案件に思えますが、実際にはメリットとデメリットが複雑に絡み合う難しい案件です。ドライバーや状況によって、この依頼への対応は大きく異なります。

●法人タクシーなら行先によって会社と相談して決定

私の在職時には残念ながらこうした経験はありませんでしたが、所属していた営業所では毎月何回かこうした超遠距離のお客様のことが話題になりました。

片道数百km以上の目的地への輸送には、営業所で長距離輸送に向いた燃料を途中補給しやすいガソリン車の代替車両を用意して、行先によっては帰路の運転代行者を同乗させて目的地へ向いました。ＬＰＧ車しか用意できない場合は、他県のＬＰＧスタンドの場所を調べてから向かいます。降雪が予想される行先の場合はスタッドレスタイヤ装備の車両に変更するなど、営業所

◀ＬＰＧガスステーション（東京都新宿区）
タクシーの多くは燃料がＬＰＧで、補給場所は限られます。

の運行管理者の指示を受けて受付が完了します。ドライバーだけの判断で即出発とはいきません。

毎日安定した収入のドライバーの方の中には、就労リズムが崩れる等の健康上の理由に辞退する方もいて、場合によってはドライバーが代わることもありました。

●長距離輸送の問題点

一気に売り上げが獲得できる長距離乗車依頼ですが、次のような点でも必ずしもタクシードライバーが快諾できないことがあります。⑴支払い能力が疑われる、⑵すでにかなりの長時間を運転しており、安全な運転に問題がある、⑶自分や車両管理上のスケジュールに支障がでる、などの理由からです。

さらにタクシーの運送規定では、一定以上離れた遠距離目的地（県境または営業地域から50㎞以上離れた行先）への高速道路輸送に際しては、帰路の高速代金を乗客から徴収することが認められています。このことが了解されないと、自腹で高速代を払わないといけなくなる可能性もあるからです。

まとめ

❶流し営業のタクシーを捕まえて数百㎞先の目的地までの超遠距離の乗車は、その場で即座にOKとなりづらい。

❷タクシードライバーの労働時間の制約、燃料（LPG）の補給など、タクシーでの超長距離走行には諸条件をクリアーする必要がある。

❸高額な営業収入が見込める事案にもかかわらず、コンスタントに収入があるドライバーでの就労リズム問題や、勤務時間超過による身体的限界等で他のドライバーに代わる場合もある。

タクシー利用者の疑問とその真実⑤
遠回り

タクシーのクレームでよく話題にされることが多いのが「遠回り」です。実際タクシードライバーが運賃を余計に稼ぎたいために、意図的に「遠回り」をすることがあるのでしょうか？

実際はそうした悪意ある「遠回り」をするタクシードライバーはまず皆無だと思います。なぜなら今のタクシーにはドライブレコーダーが装備されており、ドライバーが不正を行った際はすべて白日の下にさらされる状況にあり、失職につながりかねないこうした行為は割にあいません。「遠回り」の原因のほとんどが、乗客の思い違いや不正確な経路指定に起因することが多いのです。タクシーの「遠回り」に関するクレームは、時にソーシャルメディアやマスコミを通じて広く拡散されることがあります。しかし、こうした情報は必ずしも正確ではない場合があり、タクシー業界の実態とは異なることもあります。確かに地理に疎い新人ドライバーが経路の選択ミスをしたり、賢くないナビシステムの指示で、普段タクシーが通る常道をはずれた別ルートで走行したりして、運賃が余計にかかったりすることもない

◀タクシードライバーのナビ利用
ナビのデータがあなたの指定経路とは限りません。

訳ではありません。

タクシー会社には、サービスに不満を感じたお客様からのお問い合わせやクレームが寄せられることがあります。そうした場合には状況を詳しく調査した上で適切な対応を行っており、必要に応じて返金や割引などの措置も含まれます。クレームを防止するためには、タクシードライバーは発車前に目的地と「経路確認」をしてからメーターを入れるようにしています。またドライブレコーダーに証拠が残りますので反証が可能となり、すべてが「遠回り」とはなりません。次にタクシーでの「遠回り」または「遠回り」をされたと勘違いしやすい例とその対策を分類してみましょう。

●いつもタクシーで通るルートと違う経路で運賃が高くなった

本来ドライバーは乗客に乗車直後に経路を確認するように指導されており、これをしないことは業務手順を守っていないので問題となります。乗客が自分が思っている通りの行き方をしてもらうには、ドライバーが経路を聞いてこない場合は、自分から大まかな経路を事前に説明すべきです。都会の中心部では行き方は多数あり、乗客がいつも利用する経路（ルート）と違う経路をとるドライバーもいるからです。また途中の渋滞や工事情報で違う道

◀早稲田通り（東京都千代田区・飯田橋駅付近）
時間帯で一方通行の方向が変わる珍しい道路です。

を使うなどするケースもあります。そうした際は、ドライバーが予めお客様が指定した経路とは違う経路を提案するはずなので、原則的には錯誤が生じることはありません。

●徒歩やバスとは違うルートで運賃が高くなった

都市部では時間帯によって一般車両が通行できない道路が存在します。バスや近隣住民の自家用車だけ通れる公道も存在します。まず乗車時に経路を確認すればこうした問題はおきません。よくある問題としては、乗客のグーグルマップの通りに走行を依頼しても、車両通行に問題あるルートの場合は、タクシーはその経路では走行できないことがあります。

●反対方向から乗った際にUターンせず運賃が高くなった

道路によってはUターン禁止場所（時間帯制限も含む）が多数あります。また時間帯で右折や左折ができない場所もあります。特に安全運転の面からはUターンやバック走行は危険が多いので、交通量の多い時間帯はたとえできる場所であっても避けたいのはタクシードライバーの心理です。もしUターンして逆方向に行ってもらいたいなら、乗る前にドライバーに確かめる

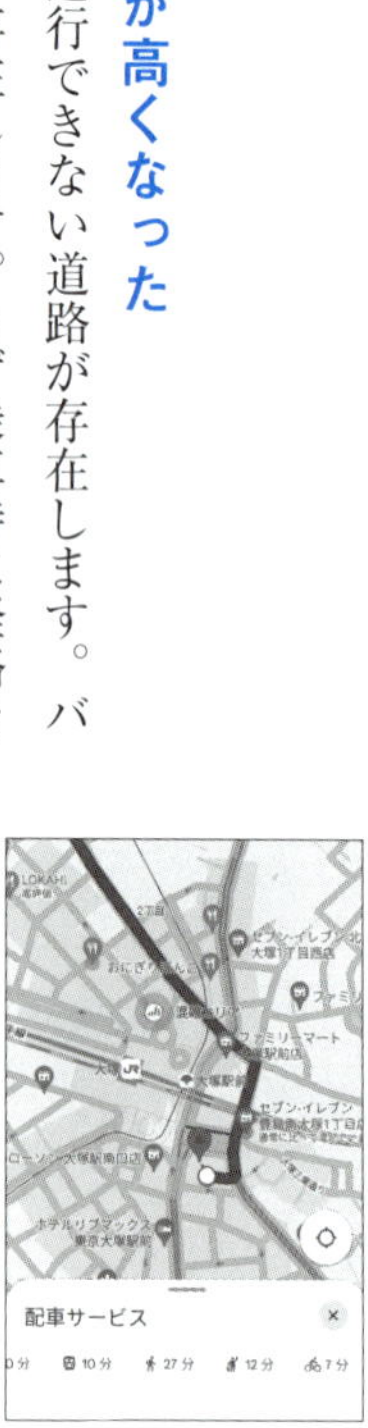

◀グーグルマップ（携帯画面）配車サービス、徒歩などでルートが違います。下部ボタンで切り替え可能です。

のが安全な方法です。その際断られたなら、反対方向の道路脇から別のタクシーに乗車するのが賢明です。

●知らない地域に行った際、事前に調べた料金より高くなった

アプリやＷＥＢでの運賃計算はあくまで標準条件による算定です。渋滞や工事う回などがあると料金が変わります。ただしアプリを使った事前確定型の運賃ならそういうことはありません。

まとめ

❶「遠回り」は乗客とドライバーの相互の経路確認の意思疎通が不正確なことから生じることが多い。
❷都市部のタクシーは広い地域を営業しており、乗ったタクシーが付近の地理に詳しいとは限らない。毎回煩わしいと感じるかもしれないが、都市部のタクシーの経路確認は「遠回り」をされないためにも欠かさせない指示。
❸知らない場所で運賃が気になるなら、アプリの事前確定型運賃で利用するのが賢明。

タクシー利用者の疑問とその真実⑥

ドライバーへの行先（目的地）の伝え方

タクシーに乗ったらまず行先をドライバーに伝えます。ほとんどが口頭での指示となりますが、略した地名や施設名だけ等の場合は、すぐにドライバーがわからないことも発生します。急いでいる時や、なるべく早く発車してもらいたい場合などでは、手際よく行先をわかってもらうことに工夫が必要となります。

● 一番確確実で早い目的地の伝え方

タクシードライバーに一番確実で早く目的地を伝える方法としては、行先の施設名、住所、電話番号等が記してあるメモ紙を予め用意しておき、それを手渡すことです。ホテルや病院、マンション名などは、都市部では似たような名称の施設が多いので、正式な名称があれば間違うことはありません。住所や電話番号が書いてあれば、ナビでの検索も早くなります。この方法は、知らない場所や初めての訪問先へタクシーを利用する場合にも有効です。

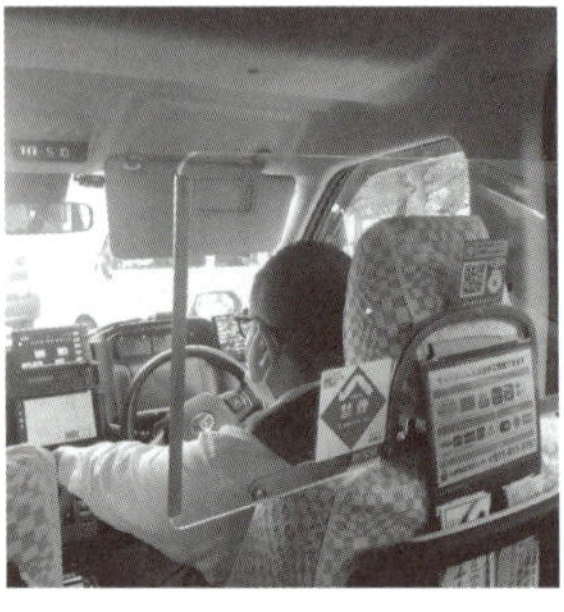

◀タクシードライバー席（札幌市タクシー）タクシーで行先を確実にするにはドライバーに復誦してもらうと安心です。

●紛らわしい地名にご注意

大都市などでは同じ地名が数か所にあったり、似たような発音に聞こえる地名があったりするので、このような場所をタクシーの行先地としてドライバーへ伝えるには、面倒ですが幾分慎重さが必要です。そういった場合は目的地名に市町村や区などの行政区分名などを加えるか、発車前にドライバーに復誦してもらうなどして再確認するとかすると安全です。確認をしないまま発車してしまうと、目的地や行き方（経路）を間違える心配があります。

●間違えやすい同名の地名

目的地誤認のトラブル防止では、ドライバーが行先を復誦することでかなり誤認を防ぐことができます。急いでいる場合は往々にしてこの復誦をしないで発車させ、途中で乗客が気づいて問題となります。さらに悲劇的なのは乗客が寝込んでしまい、目的地に着いて初めて間違いに気づく場合です。映画「バカヤロー！　私怒ってます（第三話）」（＊）でも取り上げられた綾瀬（あやせ）（東京都足立区）と綾瀬市（神奈川県）の間違いは、その象徴的な一例です。大都市圏は営業区域が広域なので、乗ったタクシーが乗った付近の地理に詳しいとは限りません。乗客には乗った周辺では有名な場所も、広

◀間違えやすい地名例（小滝橋）
東京の小滝橋（新宿区）と尾竹橋（荒川区・足立区）は聞き間違いやすい地名。

＊：「バカヤロー！　私怒ってます」：1988年公開の松竹映画。その中の第三話で、大地康雄が扮する東京の新人タクシー運転手の一シーン。

域を走るドライバーが知らないことが多々あるのです。東京区部を例にとると、タクシードライバーなら必ず携行する業務用地図（公益財団法人東京タクシーセンター発行　関東運輸局監修　都内交通案内地図）によると、同地名（猿楽町（さるがくちょう）（千代田区と渋谷区）、三田（みた）（港区と目黒区）等）と、発音が似かよった地名（小滝橋（おたきばし・中野区）＆尾竹橋（おたけばし・荒川区）、尾山台（おやまだい・世田谷区）＆小山台（こやまだい・品川区）等）が、なんと80か所以上掲載されています。私もＪＲ亀戸駅から乗せたお客様に「鎌倉まで」といわれて、神奈川県の鎌倉市だと思ったので、「高速は東名を使いますか」と聞き返したところ、「ドライバーさん。葛飾区の鎌倉だよ」と返事され、初めて葛飾区に鎌倉という町名があることを知りました。

●聞き間違いが起きやすい地名

発音上で聞き間違いやすい似かよった地名も、口頭で行先を指定する際は要注意です。東京区部の典型的な例としては、五反田（ごたんだ・品川区）と間違われやすい五反野（ごたんの・足立区）です。五反野は旧町名で今の現地名は西綾瀬なのですが、東武線の駅名はそのままなのですからやっかい

◀猿楽町（渋谷区）
同じ営業地域に同一の地名が複数あることに要注意。

です。

●紛らわしい施設名と所在地

都市には実際の所在地近くの代表的な地名を冠してある施設があり、その施設の実際の所在地をタクシードライバーが知らないで地名を頼りに近くに行こうとすると、とんでもない間違いを犯すことになりかねないので注意してください。私の経験では「東京新宿メディカルセンター」や（確かに新宿区にはありますが、所在地近くの最寄り駅は飯田橋駅で新宿駅から相当離れています）、「銀座クレストン（ホテル）」（所在地は銀座ではなく中央区明石町、最寄り駅は築地駅）などはその例です。また同じ地区に複数施設があるチェーンホテルはしっかり正式館名を覚えておきましょう。因みにアパホテルは新宿地区に８館（東新宿駅前、新宿歌舞伎町タワー、東新宿歌舞伎町東、東新宿歌舞伎町タワー、新宿歌舞伎町中央、西新宿５丁目駅タワー、新宿御苑前）も新宿と名称が付くホテルがあります。

まとめ

❶タクシーでの一番確実な行先の伝え方は、行先の施設名、住所、電話番号が記してあるメモ紙を予め用意しておき、それをドライバーに手渡すこと。

❷広域で営業となる大都市では、同じ営業地域に同名また同じ呼び方の地名があるので、そのような場所が行先の場合は、乗車時に注意し確認する。

❸地名の聞き間違いや同名や似た地名の選択ミスをしないためには、ドライバーによる行先の再確認（復誦）が防止策の基本。

タクシー利用者の疑問とその真実⑦
Uターンやバックなどの危険な走行指定

タクシー利用者の中には、交通状況を十分に考慮せずに「Uターン」や「バック走行」を要求される方がいます。こうした危険度が高い後方への進行に関しては、十分な安全確保と交通規制の順守などの必要確認事項があり、そういった点を理解をしていただくことが前提となります。

●安全運転がタクシーの基本

タクシードライバーは、就業前に会社が主催する安全運転講習を受講します。この講習では、Uターンやバック走行などの潜在的に危険な運転操作について、具体的な安全対策が指導されます。例えば、やむを得ずバック走行を行う場合は、車外に出て周囲の安全を確認することや、可能な限り代替ルートを探すことなどが推奨されています。これらの指導は、乗客と乗務員の安全を最優先するタクシー業界の姿勢を反映しています。

●危険なバック走行とUターン

◀Uターン禁止交通標識
時間帯でUターン禁止の場所が多くあります。

私の経験では、夜間に真っ暗な住宅地の行き止まり小路で、事前の説明なく降車を求められたことが何度かありました。その結果狭い小路ではＵターンは出来ないため、往来可能な進入口まで慎重にバック走行で戻るしか方法がなく、そのために数十分も余計な時間がかかり、安全面で非常に苦慮しました。こうした経験から、乗客の皆様には降車場所の状況を事前に説明していただく重要性を感じました。夜間の小路が物騒なのはわからなくもありません。そのような時は一言話してもらえれば、別の方策でお送りできたかもしれなく、それ以後この地区に行く時は、事情を説明し路地入口で降車していただくようにしました。

お年寄りや体が不自由な方なら、なんとか最も近い場所に着けて差し上げたいのはやまやまです。しかしタクシードライバーは、乗客（お客様）への最高のサービス提供を目指すとともに、安全運転の確保を最優先しています。そのため、時には乗客の要望に沿えない場合もあります。これは乗客と乗務員の双方の安全を守るためであり、タクシーサービスの本質的な責務の一部です。

まとめ

❶Ｕターン、バック走行などの後方への走行指定は、交通状況を考慮した上、十分な安全確保と交通規制の順守など必要確認して、利用の不可を判断するのかが前提となる。

❷行き止まりや狭い小路等の降車場所としての指定は、乗客サイドから降車場所の状況を事前に説明することが重要。

❸安全運転の確保を最優先しているタクシーは、乗客とドライバー双方の安全を守るため、時には乗客の要望に沿えない場合もある。

タクシー利用者の疑問とその真実⑧
後部座席乗客の声の聞こえ方

タクシードライバーは後部座先に座ったお客様とは、運転中は前方を向いたままで会話することになり、お互いの声が聞き取りづらくなります。座った位置がドライバーの真後ろなら、さらに防犯板が障壁になってしまいます。

●タクシードライバーが聞きとりづらいお客様の声

ドライバーがお客様を向いて発声できるのは、乗車時の挨拶とシートベルトとドアの開閉確認、支払い時での停車している場合の釣銭のやりとりや領収書の受け渡し、ドア操作などに限られます。つまりドライバーは乗車中のほとんどの時間は前方を向いて運転するため、後部座席に座ったお客様に対して後ろ向きとなるので、お客様（乗客）とドライバーとは、お互いの声が聞きづらいのは当然です。

●透明で姿は見えても音（声）を遮ぎる防犯板

さらにやっかいなのは、防犯用にドライバーと後部座席の間に強化プラス

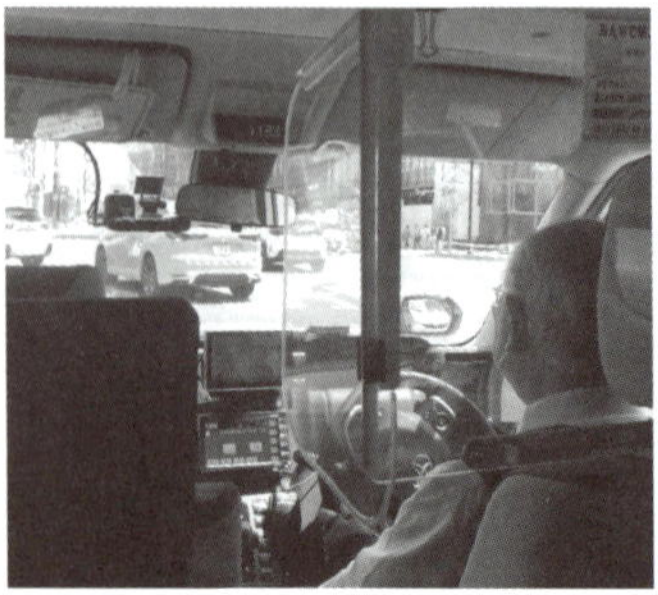

◀タクシードライバー席後部の防犯板
アクリル板は透明でドライバーが見えても
後部座席の乗客（お客様）の声を遮ります。

チックの防犯板が設置されたことです。防犯板は透明でドライバーの姿はよく見えますが、大きなサイズなものやお客様が後部の離れた側に座った場合は、お互いの声を遮る度合いが増します。雨天や夜間などドライバーが普段よりも緊張して運転に集中している時は、お客様からの問いかけに応えない、または無視されたと勘違いされて不快に思われることが起きないとは限りません。タクシードライバーとの会話は幾分大きめの声ですするとスムーズです。話かけるタイミングを信号待ちに工夫したり、「すみません」などとひとことかけたりすることでも改善します。

残念なことに、タクシードライバーには高齢者が多いことも、音声のやりとりに支障がでる原因となる可能性を否定できません。統計によるとタクシードライバーの約半数（46・7％）が65歳以上の高齢者（P26参照）であり、65歳を境に急激に増加する加齢による聴力低下は、実際のところタクシードライバーにも例外なく進行していると思われます。

●タクシー車内でのケータイで電話する時のマナー

最近では乗車するなり、行先を告げることもそこそこに、いきなりケータイで話す方がいます。乗客が突然話し始めると、前方を注視しているドライ

◀タクシー車内でのケータイ通話
車内通話はドライバーへ伝言と間違われないように開始前に声掛けがマナー。

バーが、自分に向けられた発言だと誤解する可能性があります。乗客の方にも急ぎの連絡や重要な用件がある場合もあるでしょうが、目的地と経路の確認は運行開始に絶対必要で、運賃や所要時間に関係するので乗車直後にしないといけない最優先の会話です。最低この二つを指示確認してからケータイは使ってほしいと思います。

ひとことドライバーに「ケータイを使うよ」と断ると、勘違いしてドライバーが返事することもありません。タクシー内でのケータイ通話ではタイミングとドライバーへの声掛けを考えて利用したいものです。

まとめ

❶タクシードライバーが、常に前方を注視しながら安全確保し緊張状態で車両操作していて、乗客からみて後ろ向きなのと、プラスチックの防犯板も音を遮蔽するため、相互に声が聞きとりづらい点に留意。

❷乗車直後には行先と経路確認は最優先の必須伝達事項であるので、急ぐケータイ使用でもそれを済ませ後からにする。

❸車内のケータイでの電話利用は、ドライバーに対しての会話と混同されないように、一言声掛けしてから利用するマナーが望まれる。

How to take a taxi PART III

タクシー利用者の疑問とその真実⑨
降車場所と迎車場所・ナビ指定

タクシーならどんな場所でもドアツードアで運んでくれるはずと考えるのは早計です。安全運行に支障がある場合は断られることがあるからです。アプリが普及してきて、乗降場所の選択がタクシー利用の重要点になりました。

●問題ある降車場所

クルマがやっと通れる小路でも、タクシーなら玄関前まで運んでくれるはずと考えるのは問題です。特に住宅地は行き止まりの道路も結構あり、バック走行時に誘導者がいないタクシーは接触事故にもつながりかねません。またケータイでの地図アプリ利用が一般的になり、乗客の方の指示では歩行者用経路と車両用経路の違いによる誤解が生じることがあります。これは、特に不慣れな地域を訪れる際に起こりやすいことです。

市街地の住宅地では、一方通行や私有地の存在など、歩行者と車両で異なる通行規制があることがあり、普段歩行での通行経験しかない乗客とドライバーの判断が異なることがあります。これらの情報は地図アプリに常に反映

◀時間帯で車両通行止めの標識
この先の小路は通学路であるので、登下校時には車両は通行禁止です。

されているわけではないため、車両通行に関してドライバーへの指示はその事情を知って、十分注意してコミュニケーションを取ることが必要となります。

●アプリでの配車指定のコツ

無線やアプリでの配車依頼では、余地がない細い道に迎車依頼したタクシーは待機ができません。特にタクシーアプリにはドライバー側からキャンセルする機能が付いたことで、安全な乗降が難しい場所とドライバーが判断した場合は、配車をキャンセルされる可能性があります。

そういったことを避けるには、近くの少し広い道路や余地のある建物付近など、タクシーが安全に停車できる場所を再指定してください。「GO」のようにアプリ上で「ドライバーへのメッセージ」機能がある場合、配車指定したピンの位置は変えられませんが、再指定の具体的な待ち合わせ場所や建物を伝えることができます。

●誤差が出やすいナビ指定

ナビゲーションシステムは通常、GPSを使用して位置を特定しますが、

◀タクシー車両だけ適用の道路標識（東京都港区新橋）新人ドライバーが見落としやすい取締りの名所（?）

高層ビルに囲まれた都心部や山間部などＧＰＳの信号を受信しにくい場所や車両が頻繁に方向転換を行う場合などで精度が低下することがあります。このような状況では、ナビゲーションシステムが示す位置や進行方向が実際と異なることがあります。またタクシーのナビゲーションシステムの情報には、地図が最新でない、新しい道路や建物、一時的な交通規制（例：商店街の歩行者天国、通学時間帯の通行止めなど）が反映されていない等の限界があります。

目的地の場所が不確かな場合は、主要な目印や交差点名をドライバーに伝えてください。最新の地域情報や交通規制については、ドライバーに確認することをお勧めします。ドライバーは地域の交通事情に詳しいことが多いからです。

まとめ

❶タクシーの乗降場所に行き止まりや狭い小路を指定する際は、タクシーの安全運行や周辺住民の通行にも十分配慮する。
❷アプリ利用ではタクシードライバーがわかりやすい安全な乗降場所を指定しないと、ドライバー側からキャンセルされやすい。
❸ナビシステムはGPSの電波感度が劣悪な地域では、位置情報に誤差が生じやすく、また最新情報や地域情報が反映されないのが弱点。

タクシー利用者の疑問とその真実⑩
降車時の支払い

タクシーの支払いで特に問題となるのは釣り銭と支払い方法です。初乗り運賃など少額を支払う時に、乗客が一万円札を出して釣銭でドライバーと揉めることはよくある話です。

●急ぐ時の高額紙幣使用は注意が必要

タクシードライバーは出庫時に自前で釣銭を用意して営業を開始します。高額紙幣での支払いが続き、乗客が途切れず途中で両替する間がなく、運悪く釣銭が手薄になることが稀に起こります。そうした状況のタクシーに乗車した場合には、乗客が高額紙幣しか持ち合わせていないと、ドライバー側が釣銭の用意をする余計な時間がかかり、急いでいる場合はストレスとなります。特に初乗り運賃などの少額の運賃の場合は、乗客側も乗車前から予見されているなら、高額紙幣は避けて釣銭のない交通ＩＣマネー、ＱＲコード決済などでの支払い方法を使うなどが賢明だと思います。ただし一部の個人タクシーには現金払いだけのタクシーがあることは要注意です。

◀タクシー領収書
支払い後に必ずもらう癖をつけておくと忘れ物などで助かります。

●降車時の支払いをすばやく済ませる方法

上手にタクシーを使いこなしている方は、降車時の支払いを短時間で済ませるように日頃から対策をしています。少額な運賃が予想される場合は、事前に小額貨幣を用意しておくとスムーズに支払いを済ませてすぐに降車できます。一番早い降車時の支払いはアプリでの事前カード登録での支払いです。また最近ではタッチするだけで支払いを済ませられる、交通系ＩＣカードや電子マネーを使えるタクシーも増えてきました。事前にその旨をドライバーに伝えておくと、降車時に即座に機材を用意してくれて、短時間に支払いが完了します。クレジットカードやＱＲコードなどは機材の操作の手間がかかりますが、小銭の問題で困ることはありません。

問題があるとすれば、機材操作が不慣れなドライバーや通信トラブルが起きるケースです。こうした際も他の支払い手段を用意していれば慌てることはありません。また特に千円以下の少額運賃の場合では、釣銭の小銭はドライバーにチップとして渡す方もおられます。そうした方はチップを渡すドライバーへの好意表示と同時に、早く降りられることも利点として感じているようです。

まとめ

❶急ぐ場合のタクシー利用では、釣銭の授受を短時間に済ませられる技がある。
❷アプリの事前カード登録での支払いは降車時の時間節約で超合理的。
❸地方や過疎地、個人タクシーなど一部タクシーは依然現金払いのみのタクシーがある。

タクシー利用者の疑問とその真実⑪
忘れ物

タクシーの利用状況は、概ね急いでいることが多いので、慌ただしく降車して身の回りの携行品等をついタクシー車内に忘れてしまうことがしばしば起きます。ドライバーも降車時の基本動作として「お忘れものはありませんか」と必ず一声かけると同時に後部座席に向いて周りを目視点検することを励行されています。しかし飛び出すように降りてしまう方もいて、忘れ物（落とし物）はタクシーでは常態化しています。

●タクシーの忘れ物の一般的な処理方法

乗客（お客様）が困る忘れ物ですが、ドライバーにとっても業務上で結構な負荷となる厄介な問題です。ビニール傘など捨てたものなのか忘れ物か判断できないものも多く、忘れ物として処理するものが増える傾向があります。落とし主が不明なものはお客様からの申し出があることに備え、警察に届ける前に数日間タクシー営業所で預かるのが通例です。

▲警視庁遺失物管理センター（東京都千代田区飯田橋）
東京区部でのタクシーでの忘れ物の最終保管場所です。

●領収書があると忘れ物は見つかりやすい

タクシーに忘れ物をした場合に、お客様にとって発見の手がかりとなるのが「領収書」です。「領収書」があれば、気が付いた時点でタクシー会社に電話連絡すると、無線でタクシーに即刻連絡を取ってもらい、「忘れ物」が発見されやすく、手元に戻ってくる可能性が高くなるからです。私がタクシードライバーになってすぐに気が付いたことは、「領収書」を必ずお客様に渡すと、こうした忘れ物を救済できることでした。自分自身も結構タクシー内で忘れ物をして、「領収書」で何回も助けてもらったからです。

●忘れ物の返却方法

タクシーで忘れ物を発見した場合、時間が経っていなければ好意でタクシーが乗客の降車した場所かその近くまで届けてくれることもあります。しかしタクシードライバーにとっては、忘れ物を届けることは回送での営業中断となり大きな負担です。また別の乗客を乗せていたりすると、その運送を終えた後、かなり離れた場所から回送で移動することとなり、大きな収益損失となるからです。見つかった場合には営業所に取りに行く、または事情が明白な場合は着払いの宅配便利用などが一般的です。

まとめ

❶タクシーでは万が一の忘れ物の備え、必ず領収書をもらう癖をつける。
❷タクシーの忘れ物は乗車日から警察へ遺失物届け出をするまでの数日間、タクシー会社の営業所で保管するのが一般的。
❸忘れ物が見つかった場合は、タクシーが営業終了後に所属営業所に取りに行くのが一番早く戻る。ドライバーの好意で短時間に届けてもらえることもあるが、ドライバーの営業活動を中断させることになり限定的。

How to take a taxi　PART III

タクシー利用者の疑問とその真実⑫
酩酊や寝込んでしまうなどのトラブル問題

お酒を飲み過ぎ、酩酊状態で目的地を自分ではっきり言えない方や、途中で寝込んでしまう方は、タクシー乗車に際しトラブルとなることがあります。こうした場合のタクシー会社やドライバーの一般的な対応についてまとめてみます。

●行先を自分でいえない酩酊客の場合

自分一人で満足にタクシーに乗れないほどの酔っ払いが、同行者に担ぎ込まれて座席に押し込まれ、その連れ合いに目的地を告げられるようなケースは、年末の忘年会シーズンにはよくあるケースです。結果的に降車場所を乗客自身で確認できずトラブルになることが多いので、乗客自身が行先をいえない場合は単独での輸送はむずかしく、その乗客の目的地まで同行者の同乗をお願いすることになります。

●乗車中に寝込み、ドライバーが声掛けしても起きない場合

◀交番（さいたま市浦和駅前交番）寝込んで起きない乗客は交番から派遣された警官に起こしてもらうことになります。

乗客が寝込んで目的地に着いても起きない場合、タクシードライバーが乗客の体に触れることは禁じられていますので、警察に連絡し警官に起こしてもらうことになります。多くの場合110番通報して近くの交番から警官が駆け付けます。ドライバーもそうならないように、窓を開けたり、道中で何度も声掛けをしたりして、乗客が起きているように努力しますが、寝込んでしまったならお手上げです。警察官にお願いするしかありません。

●嘔吐など車内を汚すまたは汚される可能性の高い乗客への対応

酔っ払って嘔吐する乗客には、嘔吐対策のビニール袋を支給するなどの対策や途中停車して車外での処置などの危険回避をしますが、最悪の事態では、その時点で営業中止となり、営業所に戻り清掃しなくてはなりません。汚れのひどい場合は工場で座席の交換をすることになります。被害の程度によっては、賠償請求される可能性もあります。また極度に汚れている衣類を着た乗客やケージに入れていないペットとの同乗等も、車内が汚れて営業継続に支障があるので、道交法の規定で輸送を断ることができる対象です。

まとめ

❶お酒を飲み過ぎて自分の口で行先を言えない場合は、単独での乗車はできず、乗客の目的地まで同行者が必要。
❷タクシー降車時に寝込んで起きない場合は、ドライバーが乗客の体に触れることは禁じられており、警察に連絡し警官に起こしてもらうことになる。
❸極度に汚れた衣類を着た乗客や車内を汚すおそれのある乗客等も営業継続に支障があり、道交法の規定で輸送を断られる。

タクシー利用者の疑問とその真実⑬
法人タクシーか個人タクシーか

タクシーは会社組織の法人タクシーが中心ですが、経験を積んだ優秀ドライバーには個人タクシーとして営業できる制度があります。運賃は同じなので、どちらを利用するかはそれぞれの特長次第だと思います。

●法人タクシーの特長と評判

法人タクシーはどこでも捕まえやすいのが一番の特長です。会社によっては企業が支給するタクシーチケットやタクシーアプリが使えたり、交通ＩＣカードなど様々な支払い方法に対応している会社が増えたりしていることも特長です。また評判に関しては、会社別や無線グループ別に様々です。

ただ新人ドライバーにあたると、最近は総じてナビ頼りで地理が不確かで走行がもたつき、急いで行きたい時はイライラするという声を耳にします。要は同じ料金でも乗ったドライバーの技量や接遇に大きな差があるのが法人タクシーの問題点かもしれません。また会社によって使用するクルマの車両レベルに差があります。

◀個人タクシー（羽田空港T3タクシー乗り場）
好き嫌いが分かれる個人タクシー。

●個人タクシーの特長と評判

個人タクシーの特長としては比較的高級な車種を採用している方が多く、乗り心地がよい車両にあたることが多いことです。また厳格な審査に合格した優秀なベテランドライバーのため、地理に詳しく経路の選択でも間違いはありません。

しかし一方では個人タクシーを敬遠する方も少なくないようです。その理由では一部の利用者からは、個人タクシードライバーの対応が、より率直で直接的に感じられるという声があります。たしかに個人タクシーは個人事業主なため、乗客に対してははっきりとものいいするドライバーもいて、それを不快に感じることは、個人タクシーを避けるよく聞かれる理由です。それも個人差があるのでその真偽は定まりません。

個人タクシーの一部ではまだ現金しか使えないタクシーがあるなど、様々な支払い方法が選べるようになってきた都市部の法人タクシーに対し、支払い方法が限られている印象が依然残っています。

個人タクシー開業条件：開業にあたっては第2種免許が必要になるほか、事業区域内で運転を職業としている期間（同じタクシー・ハイヤー事業者で継続して10年以上）、一定期間以上無事故無違反、運転資金、営業拠点の確保、法令試験の合格など多くの条件がある。

まとめ

❶車両の仕様、多様な支払い手段の完備、ドライバーの熟練度、接遇のレベルなどの違いがあり、それぞれに長短がある。
❷個人タクシーの一部には、今でも支払いが現金だけのタクシーがある。
❸同じ営業地域なら一部のタクシーを除き、運賃差もなく、要は利用者の選択基準次第。

タクシー利用者の疑問とその真実⑭
各種条件（車両、ドライバーなど）の指定

タクシーの利用で乗りたいタイプの車両やドライバーの指定をするには一定の制限があります。大都市の大手タクシー会社では様々な付加価値サービスを実施しており、そうしたサービスの指定が可能です。特に法人タクシーでは勤務シフトの関係もあり、ドライバーの指名は受け付けていない会社が大半です。個人タクシーなら、条件（日程、旅程など）が合ってドライバーが受け付けてくれれば、そのタクシーを予約することも可能です。

◀大型ワゴンタイプのタクシー車両（伊丹空港）
こうした大型のワゴン車を指定してタクシーが利用できます。

●車両の指定

タクシー会社の一部にはワゴンや高級外車などの特別な車両をタクシーサービスに運用している会社があります。こうした車両の指定は事前予約が一般的です。人気車種はかなり前から予約しないと利用できません。また一部の車両は特別な契約が必要なこともあります。車両によっては通常のタクシーとは利用料と運賃が異なります。

●付帯サービスの指定

大都市の大手タクシー会社中心に様々なタクシー利用での付加価値サービスがあり、こうしたサービスを指定しての利用が可能です。運賃や利用料が異なる場合や一部は特別な契約や事前登録が必要な場合があります。特に次の（有料）サービスの一部（＊）をＥＤＳ（エキスパート・ドライバー・サービス）と位置づけて優良ドライバーを配置している会社もあります。名称、対象エリア、サービスの内容などは実施タクシー会社各社で異なります。また一部サービスは特定の会社しか実施していません。大手中心に各タクシー会社のホームページで実施内容の詳細を知ることが一番確実な方法です。

(1)介助（サポート）サービス＊：資格を有したドライバーによって介助を伴うサービス（介護保険適用外）が受けられます。

(2)キッズ（子育て）タクシー＊：塾や習い事の送迎に子供だけで利用可能なサービス。新生児の送迎やチャイルドシートの利用ができます。

(3)観光タクシー＊：専門知識を持った乗務員のガイド付きで、観光スポットを巡るサービス。会社によって様々なコースがあります。

(4)陣痛タクシー：出産や定期健診に利用でき、迎車・予約料金以外は特別料金が不要な会社が多いサービスです。

◀なでしこタクシー（東京・日の丸交通）ホームページ
女性会員限定の女性ドライバー指定サービス。

(5)**女性ドライバー指定＊**：事前登録した女性乗客向けに女性ドライバーを指定できるサービス（有料）を実施している会社があります。

●タクシードライバーの指名

ドライバーを指名しやすいハイヤーと違い、法人タクシーではドライバーを指名がしづらいことは、タクシードライバーの勤務体制が影響しています。都市部では隔日勤務シフトが一般的ですので、利用希望日に指名したいドライバーが出勤しているとは限らないからです。また営業時間中に時刻と場所を指定されると、その予約のためにかなり前から営業に制約が加わることになり、営業上のロスを嫌がるドライバーもいるからです。ただしドライバーによってはお客様とスケジュール等の情報を交換して、自分の予定勤務日に限って、休憩時間などを調整して個人的に予約を受けている方もいるようです。これらは主に長距離輸送など、ドライバーにとって収益性の高い仕事であることが多く、またお互いの携帯電話を連絡手段として使えるような信頼関係にあるケースに限られます。さらに法人タクシーの指名予約は個々のドライバーの判断によるものなので、会社が許容する実行可能な営業行動の範囲内にとどまるもので一般的ではありません。

まとめ

❶タクシー利用時に自分が気に入った車両や車種を指定できるタクシー会社が増えてきている。
❷新たな付加価値サービス（子育てタクシー等）を実施してきているタクシー会社が都市部中心に増えてきており、内容によって特別料金や追加料金、事前登録等が必要。
❸タクシードライバーの指定は、個人タクシーでは可能性が高いが、法人タクシーでは勤務シフトなどの事情で受け付けていない会社が多い。

How to take a taxi PART III

タクシー利用者の疑問とその真実⑮
乗降時の補助作業

タクシーの業務は基本的に乗客の輸送であり、それ以外の作業は旅客輸送に付随したサービスです。手荷物の積み下ろし補助や車いすでの乗車時のスロープ用意などを提供するのは業務の一部ですが、乗客に触れるような介助はできません。またドライバーの健康や身体（腰痛、アレルギーなど）に影響がある補助作業は断っても問題とはならないことになっています。

●補助できないタイプの乗客

タクシードライバーの補助の範囲を超えたタイプのお客様は乗せること自体ができません。小児だけの単独移送、行先のいえない泥酔者、乗降に介助を必要とする障がいのある方など、一人で目的地まで行けない乗客は、乗車拒否可能であることが法令で定められています。

●荷物運びも程度問題

タクシーは乗客の輸送が業務であり、荷物だけを運ぶことはできません。

◀那覇空港タクシー乗り場
手荷物の搬入はドライバーも可能な限り手伝ってくれますが、基本は乗客の役務です。

私の経験では、引っ越しにタクシーを利用する方がいました。衣料品など比較的軽量な荷物を運ぶことに利用されたのですが、座席も荷台代わりになり、車内が汚れる可能性もあったため、本来ならお断りしたいところでしたが、お客様が同乗し法的にも問題がなかったため、受け入れざるを得ませんでした。このような事例は稀ですが、タクシードライバーが直面する難しい判断の一例です。また重過ぎて一人で載せられない荷物、トランクからはみ出すほどの携行品など、無理難題を突き付けてくる方もいます。重量超過やトランクからの荷物のはみ出しは、道路交通法違反になるので断られます。

●タクシードライバーのホスピタリティーとは

タクシードライバーの仕事は接客業でもあり、乗客の皆様が快適に移動できるよう、ホスピタリティーを持って接客するよう努めています。これにより、お客様に快適さや温かみを感じてもらえることを目指しています。しかし一部の乗客の方には、サービスの対価を支払っているという意識から過度の要求をすることがあります。例えば、ドライバーの安全や健康を無視した無理な補助の依頼や、業務範囲を超えた要求などです。このような常識を超えた要求に応えることは困難です。

まとめ

❶タクシーの乗降時にドライバーがお客様の補助をすることは、程度問題があり、また介助はできない。
❷ドライバーの健康や身体（腰痛、アレルギーなど）に影響がある補助作業は断っても問題とはならない。
❸シャーシが下がるなど安全運行に車両面に問題がおきる重量な携行品は断られる。

How to take a taxi PART III

タクシー利用者の疑問とその真実⑯
ペットとの同乗

最近はペットを家族同様に連れ歩く方が増えました。バスや電車にペットを連れ込むことを避けている方でも、タクシーなら同乗できるのが当然と思っていることも多いのですが、タクシーに同乗する際は一考を要します。旅客自動車運送事業運輸規則（物品の持込制限）の第52条では、十四項目の動物には、（身体障害者補助犬（身体障害者補助犬法（平成14年法律第49号）の身体障害者補助犬をいう）及びこれと同等の能力を有すると認められる犬並びに愛玩用の小動物を除く）とあり、犬並びに愛玩用の小動物は乗客と一緒に運んでもらえます。一方十六項目に前各号に掲げるもののほか、他の旅客の迷惑となるおそれのあるもの又は車室を著しく汚損するおそれのあるものとの規定があり、ペットは十六項目に該当するともいえるからです。

●ペットを座席に同乗することはできないのが一般的

盲導犬、介助犬などは法令で認められていますが、原則ペットをそのまま座席に同乗することはできないのが一般的です。小動物ならケージやキャ

◀三和交通（横浜他）ペットタクシーホームページ
全国的にもめずらしいタクシー会社が運営するペットタクシーです。

リーケースに入れてなら同乗できる場合もありますが、会社やドライバーで異なります。ペットの同乗は車内に匂いや体毛が残り、次に乗車する客に被害が及ぶ可能性があるからなのと、ドライバーにアレルギーがあれば安全運転の面からも支障が起きるからです。

●ペットタクシーが一番確実

ペットと同乗できる一番確かな方法は、ペットタクシーというサービスを運営している特別なタクシー会社を利用することです。ペットの中にはケージに入るのを嫌がるタイプの動物もあるので、そういう場合は「ペットタクシー」（料金は一般のタクシーとは異なる）が確実です。さらに動物病院には送迎サービスを実施しているところもあります。それ以外の場合は、タクシー会社に、事前に電話で問い合わせて、利用可能な条件を聞き、条件が適合するか確かめて予約利用すると、スムーズに利用できます。

まとめ

❶法令で認められている盲導犬、介助犬など以外の小動物（ペット）は乗客とそのまま一緒にタクシー車内に同乗できないのが一般的。

❷タクシーでのペット同乗はケージやキャリーケースに入れてなら同乗できる場合もあるが、会社やドライバーで異なる。事前に問い合わせて予約利用するのが賢明。

❸ペットとタクシーに同乗したいなら、「ペットタクシー」を利用することが一番確実。

How to take a taxi PART III

タクシー利用者の疑問とその真実⑰
車いす利用者のタクシー利用

車いすを使っている方のタクシー利用はその条件によって三つのタイプのタクシー（一般タクシー、福祉タクシー、介護タクシー）を使い分けることになります。本項では種別ごとの利用条件を解説します。

●車いすでの一般タクシー利用

ＵＤ（ユニバーサール・デザイン）車両（＊）がタクシーに使用されるようになり、一般タクシーでも車いすに乗ったまま乗車できるようになり、車いすでのタクシー利用が便利になっています。一般タクシーはケアアプランなどの特別サービスを除き、運賃だけで一番安く利用でき、福祉タクシーのように予約をしなくてもどこからでも利用できます。

車いす利用者がタクシーを利用する場合、乗車時に車いすから座席へ移動することに限り、ドライバーは介助してもよいことになっています。ＵＤ車両でも、ドライバーはスロープを使い、車いすを押して乗車させることができます。この範囲内であれば、車いす利用者の一人でのタクシー利用が可能

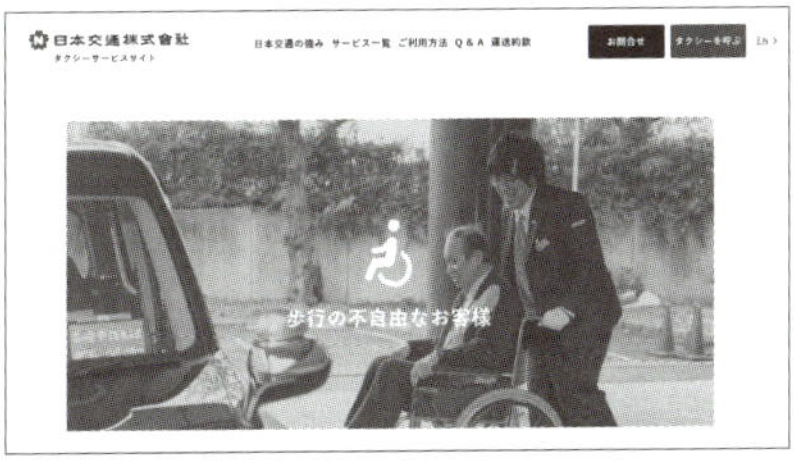

◀日本交通のホームページ
車いす利用者のタクシー利用がわかりやすく説明されています。

＊：ＵＤ（ユニバーサルデザイン）車両タクシー：広い開口部にスライドステップを備え、車いすのまま乗車できるなど、障がい者や高齢者に配慮されただれもが使いやすい一般タクシー車両で、一般タクシー料金で利用可能。代表車種：トヨタＪＰＸ（ジャパンタクシー）や日産のＮＶ２００。

です。ただし車種により、車いすの重量について、スロープ許容重量（＊＊）や規定の寸法以内のものなどの制限があります。特に電動の大型タイプの車いすは一人で乗車できても、重量やサイズが適合しないことがあります。

さらに乗降に際し、スロープ設置ができるスペースが必要になり、十分なスペースが確保できない場合や安全な乗降に支障がある段差や障害物ある場で乗降場所の変更ができない場合は乗車を断られることもあります。セダン型などＵＤ車両ではないタクシーには車いす利用では、車いすは折り畳んでトランクに収納できるタイプでなくてはなりません。トランクに入りきらない等の大型のものは車両に傷がつくなどの理由で断られる場合があります。

＊＊：ＵＤタクシーのステッカー区分：車両に貼ってあるステッカーによってスロープの斜度（★の数）、対荷重性（緑：２００ＫＧ，ピンク：３００ＫＧ）が異なる。この区分を指定した配車は不可としている会社が多い点が問題となっている。

●福祉タクシーの利用

福祉タクシーを使用する場合は、事前にタクシー事業者に予約をしてからでないと使用できません。利用対象者は、⑴身体障害者手帳の交付を受けている者、⑵要介護認定を受けている者、⑶要支援認定を受けている者、⑷前記⑴～⑶のほか、肢体不自由、内部障害等の事情により単独での移動が困難な者であって、単独でタクシーその他の公共交通機関を利用することが困難な者、⑸消防機関又は消防機関と連携するコールセンターを介して患者等搬

◀交差点で停車中のＵＤタクシー（東京都内）
車両ステッカーは右側は緑色（２００ＫＧ）、左側はピンク（３００ＫＧ）と異なります。

送事業者による搬送サービスの提供を受ける患者などです。付添人の方や体の調子が悪い方でも利用することが可能です。利用目的も病院などの通院の送迎の他買い物等制限なく使用することができますが、運転手に介助などを頼む場合、運賃の他に介助料が発生することがあります。介助が必要な車いす利用者が単独で利用目的を制限されない移動に利用することになります。

●介護タクシーの利用

厳密にいうと介護タクシーには、介護タクシーと介護保険タクシーの２種類があります。介護タクシーの利用条件は福祉タクシーと概ね同じですが、介護保険タクシーは介護認定を受けた要介護１～５の方のみが利用でき、病院など、日常生活において必要不可欠なものに利用目的が限定されます。そのかわり、条件を満たせば介護保険が利用可能となります。ケアプランの「乗降介助」または「身体介護」のみが保険適用で、輸送代は実費となります。

まとめ

❶UD車両のタクシーが増え、車いす利用者の一般タクシーの利用が便利になったが、車いすのままでの乗車には、装備のスロープによって車いすの重量やサイズ制限がある。

❷セダンタイプ等UDタイプでない一般タクシー利用では車いすがトランクに収納できるサイズの軽量タイプに限定。

❸車いすに乗ったままでタクシーに乗車する場合は、様々な制約があり、特に重量の大きな電動車いすは乗降可能な設備が整った特別な車両が理想的。

タクシー利用者の疑問とその真実⑱
要介助と要介護の方のタクシー利用

介助（乗車時の座席移動を除く）や介護（＊）が必要な方は一般タクシーを一人では利用できません。用途によって介護タクシーか福祉タクシーを利用することになします。一部の一般タクシー会社が実施しているサポートサービスは介護資格を有したドライバーが実施していて、介護タクシーと同じサービスとなります。介助や介護が必要な方のタクシー利用について、一般タクシー、福祉タクシー、介護タクシーの違いを簡単に整理します。

●要介助・介護者の一般タクシーの利用

一般タクシーのドライバーは乗客が乗車時にタクシー座席に移動する場合を除き、乗客の介助が禁止されています。介助や介護が必要な時は、同行者の同乗が必要です。一部の一般タクシー会社でのサポートサービスを特設している場合は、別途料金となり、事前の予約が必要です。

◀全国の介護・福祉タクシーの検索ＨＰ
全国各地の介護タクシーと福祉タクシーが一括検索できる便利なホームページ

＊：介助と介護の違い：
介助：一人で動作出来ない人に対する食事、排便、寝起きなど起居動作の手助けすること。
介護：疾病や障害などで日常生活に支障がある場合、介助や身の回りの世話（炊事、買い物、洗濯、掃除などを含む）をすること。

●福祉タクシーの利用

福祉タクシーは後述の介護保険タクシーと違い、利用目的も制限なく使用できます。ただしタクシー乗り場や流し営業等で利用しやすい一般タクシーと違い、事前にタクシー事業者に予約をしないと使用できません。利用対象者は肢体不自由、内部障害等により単独での移動が困難な者であって、単独でタクシーその他の公共交通機関を利用することが困難な者や消防機関または消防機関と連携するコールセンターを介して患者等搬送事業者による搬送サービスの提供を受ける患者などです。付添人の方や体の調子が悪い方でも利用が可能です。運転手に介助などを頼む場合、運賃の他に介助料が発生することがあります。自治体によっては福祉タクシー利用料金の補助制度があります。介護タクシーとの違いは、運転手が介護資格を保有していないことです。

●介護タクシー・介護保険タクシーの利用

厳密にいうと介護タクシーには、介護タクシーと介護保険タクシーの二種類があり、介護保険タクシーは介護認定を受けた要介護1～5の方のみが利用でき、病院など、日常生活において必要不可欠なものに利用目的が限定さ

◀介護・福祉タクシーの検索QRコード
このQRコードで全国各地の介護タクシーと福祉タクシーが一括検索ホームページにアクセスできます。一括検索できる便利なホームページ

れます。そのかわり、条件を満たせば介護保険が利用可能となります。ケアプランの「乗降介助」または「身体介護」のみが保険適用で、輸送代は実費となります。保険適用外の介護タクシーのサービス内容は福祉タクシーとほぼ同じですが、車いすやストレッチャーをそのままで乗降できるようになっている電動リフトや回転シートを備えている車両が多いのが特徴です。

まとめ

❶介護や介助が必要な方は一人での一般タクシーの利用ができない。介助や介護が可能な同行者の同乗が必要。
❷総じて要介助・介護者の外出には制約が伴い、状況に応じて、介護保険タクシー、介護タクシー、福祉タクシー、一般タクシー（車両の選択も含め）を使い分ける。
❸介護保険タクシーは介護認定を受けた要介護1～5の方のみが利用でき、病院など、日常生活において必要不可欠なものに利用目的が限定。

How to take a taxi

第4章

タクシーアプリと「日本版ライドシェア」の光と影

日本でのライドシェア採用の可否は、既存業界との調整や法制や安全などの課題があり、その実現が長引いていました。そうした最中、日本のタクシーには配車アプリが登場し、今までとは違ったタクシー利用法が都市部から全国に拡大してきています。一方新型コロナウイルス感染問題からの市場回復が課題だった日本のタクシー業界ですが、タクシー需給のバランスや新たな交通サービスへのニーズなど、様々な要因を考慮して、行政が中心となって新たな交通サービスの在り方が検討されています。これには、「日本版ライドシェア」と呼ばれる新しい仕組みの導入も含まれています。こうしたタクシー利用をするにあたっての新しい動きと、それが今後どのように私たちの生活行動に影響を及ぼすかは興味深いテーマです。まだ始まったばかりの「日本版ライドシェア」や、規格が乱立気味のタクシーアプリの実際を、提供者と利用者の両方の視点から検証してみたく思います。

タクシーアプリと「日本版ライドシェア」の光と影①

タクシーアプリの機能とタクシーの機動性

タクシーアプリはタクシー会社の電話番号や乗車場所住所などを調べたりする手間をかけずに簡単に配車依頼ができます。さらに所要時間、運賃などを予め知ることもでき、多様な支払い手段が使えるなど利便性が向上しています。

●短距離利用では利用料と機動力が問題

タクシーアプリは確かに便利ですが、実際に使ってみると従来の方法が有利な場面もあります。特に初乗り運賃程度の短距離の利用では、迎車料金やアプリ手数料により総額が高くなりがちです。頻繁にタクシーを利用する人にとって、この追加費用は無視できない負担増です。迎車料金不要の会社に限定すると、配車時間が長くなる傾向です。10分程度の短い移動なら、流しのタクシーを拾うほうが早いこともあります。結局のところ、タクシーアプリは状況に応じて使い分けるのが賢明です。移動距離、時間帯、場所などを考慮し、最適な方法を選ぶことが、効率的で経済的なタクシー利用法です。

◀タクシーアプリ「フルクル」のアプリ説明画面
迎車料金がかからないタクシーアプリです。

●悩ましいキャンセル問題

混み合っている時間帯ほどアプリのお世話になりたいのは山々ですが、タクシードライバー側もその時間帯は迎車走行をしなくても、次々と利用者が出現するのでアプリを使わないで営業する方もいます。タクシーアプリは従来の電話予約と異なり、双方向のキャンセルが可能です。ドライバーは乗降場所や待機時間に応じて予約をキャンセルできます。一方、利用者も長時間待たされると他の車両に乗車し、無断キャンセルすることがあります。このようなキャンセルの容易さは、時にキャンセル料の問題を引き起こし、利用者とドライバー双方に煩わしさをもたらします。

●アプリの弱点

タクシーアプリでは配車希望場所のピン操作がＧＰＳの電波状態精度に問題あるエリアでは正確に表示できないため、迎車に向ったドライバーが確認ができずにドライバー側からキャンセルされることも起きます。そうした弱点を知り、電波状態の良い場所に少し移動して迎車場所を指定する、ビル名では正確な出入口名を文字入力で指示するなどの補足する方策を考えて利用しましょう。

まとめ

❶タクシーアプリは電話配車依頼に比べ大幅に手間が削減でき、所要時間、運賃などの事前告知や多様な支払い手段で利便性が向上。
❷アプリでは迎車料金やアプリ手数料がかかるのが一般的。移動距離、時間帯、場所など、利用状況に応じて今までの手段と使い分けることが現実的。
❸アプリでの乗車指定場所はGPS電波状態の悪い場所は避け、またキャンセルにあわないように、タクシー側が受諾しやすい乗降場所を指定するなどの配慮工夫も必要。

タクシーアプリと「日本版ライドシェア」の光と影②
タクシードライバーにとってのアプリの功罪

タクシーアプリの登場以前からタクシーには無線配車やネット配車がありました。私がタクシーに乗務していた時分、所属した会社では無線配車はある程度業務に精通するまでは、新人ドライバーは担当させてもらえない規定でした。コロナ禍を境に、タクシーアプリの利用が促進されることになって、業界の状況は大きく様変わりしています。

●アプリの取り方で営業成績が変わる

アプリにはタクシードライバーの営業面からみて、良い点と不都合な点があります。良い点は無駄な流し営業をしなくても乗客が見つかる（見つけてもらう）ことです。さらにアプリの特性上、すでに乗客予定者に経路や運賃の内諾がアプリ上で得られることが多いので、面倒な事前確認のストレスから解放されることです。それに対し不都合な点は、空車時に自分の都合にあわせ行きたい方向へ向けて営業走行したい場合はその通りにならないなど、営業面で自由に動けないことです。一部のタクシーアプリでは、ドライバー

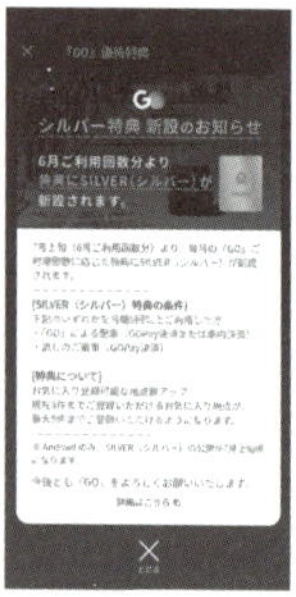

◀GOアプリのシルバー特典の案内画面
一定回数以上のアプリ利用者には各種の優遇特典があります。

の応答頻度や評価によって配車の優先度が変わる仕組みがあるという話を、現役のタクシードライバーから聞きました。ただし、これは非公開情報であり、各アプリの公式な方針は確認できていません。

●若年層はタクシーの乗り方がアプリ中心

スマホに慣れた方には、タクシー利用が便利になるタクシーアプリは願ってもないツールです。普及が進む東京地区では、20歳から30歳代のタクシー乗車方法で４割近くを占めるタクシー乗車方法の首位（＊）となっています。特に経路確認を煩わしく思うタイプの乗客の方は、アプリで提示する経路をそのまま受認するので、地理が不得手な新人ドライバーには乗客との接遇もストレスがないので好都合です。増加するアプリ客を逃さないためには、今まで営業効率の面から無線配車を敬遠していた古株のドライバーも無視できなくなり、アプリの利用率が上がっています。こうした事情もあり、アプリは大都市中心に普及が急伸してきています。

●営業収益と利便性

アプリが多用されるに従い、最近私が東京の中心部で夕方にタクシーを利

＊：２０２３年度（第32回）タクシーに関するアンケート調査結果（一般社団法人東京ハイヤー・タクシー協会）のデータに因る。

◀「回送」表示のタクシー（東京・銀座２０２４年７月）夕方の繁忙時なのに「回送」の表示でした。

用しようとすると、アプリ配車の迎車ばかり走っていて、流し営業の空車タクシーが全く捕まらないことが度々あります。迎車走行が増えると営収単価が低下したり、マッチング率を上げるアプリを優先するあまり、配車指示をとりやすい待機場所に「回送」で移動したりすることが問題になっています。こうした事態はタクシーアプリの副作用でもあり、タクシーの使い方と利便性に大きな変化をもたらし始めています。

●タクシー会社の寡占化への影響

タクシーアプリが乱立するようになり、今度はアプリ間での乗客の取り合いも問題になりそうです。国土交通省「タクシー事業者向けアプリによる配車の適正化に向けたガイドライン」（令和3年3月）では、配車アプリの運営に関する透明性や公平性の確保について具体的な指針が示されました。アプリの競争力の如何で、タクシー事業の優劣ができることになり、一部共通アプリ事業者への寡占化が進行するなど新しい局面が生まれそうです。そうしたことを敏感に感じている現場では、地方のタクシー会社が独自アプリで対抗していく動きも出てきています。

まとめ

❶タクシーアプリはタクシードライバーにとっては、職業的な勘に頼る不安定な営業（流し営業）より、確実に乗客を見つけることができる点がメリット。
❷アプリは経路指定なども楽になることから、新人ドライバーやアプリ多用する乗客の双方が歓迎。
❸タクシーアプリによる業界内競争に対し、国土交通省は「タクシー事業者向けアプリによる配車の適正化に向けたガイドライン」（令和3年3月）で、配車アプリの運営に関する透明性や公平性の確保について具体的な指針を示している。

How to take a taxi　PART Ⅳ

タクシーアプリと「日本版ライドシェア」の光と影③
利用者が知らないドライバー側のアプリ事情

タクシー利用者には便利なアプリですが、タクシードライバーの受け止め方は様々です。本書の執筆にあたり、かなり限られた範囲ではありましたが、現役のドライバーの皆さんやタクシー会社の経営者に、色んな角度からアプリのことを尋ねてみました。以前の無線配車サービスは、私の知る限り、営業成績にこだわるタクシードライバーには概ね不評だったのに対し、予想以上にアプリには好意的な見方が大半を占めた点は意外でした。今後アプリを使いこなす上でも、ドライバーのアプリに対する考え方を知っておくのも、上手なタクシーの乗り方の参考になります

●時間帯やエリアを限定するドライバーのアプリ利用

時間帯や地域、天候等の要素によって、旅客需要が大きく変動することはタクシーの営業上の特性です。タクシードライバーにとって、稼ぎ時に効率よく乗客を乗せることは収入に直結する最大の関心事です。場所を的確に選べば、魚釣りに喩えると「入れ食い状態」になることもあります。こうした

◀急に雨が降り出した繁華街（東京・銀座）の街角
場所・時間帯・天候によっては、タクシーの営業がいわゆる「入れ食い状態」になります。

状況ではドライバーはアプリを使わずに営業することがあります。その結果、アプリ利用者への応答率が低下し、アプリの対応力は劣ることになります。つまり、タクシードライバーは営業中ずっとアプリを受付状態にしているとは限らないのです。

●アプリに頼りがちな新人ドライバーとその問題点

新人ドライバーの中には、地理に不慣れな方もいます。また経験の浅さから、流し営業でのお客様の捕まえ方に慣れていない場合もあります。これらのスキルは個人差があり、短期間で向上する方も多くいますが、タクシーアプリはこうした問題の救世主的な存在となっています。ただし乗車後すぐに発車してほしい方には、発車前にアプリの入力で時間がかかることが気になるかもしれません。ドライバー側もアプリは乗客の重複配車依頼等でキャンセルされる確率が高い点が、営業面での課題になっています。

●タクシーのナビゲーションシステムの限界

タクシーのナビゲーションシステムは、従来の車載型からアプリベースのものまで様々です。どのタイプのナビゲーションシステムでも、GPSの精

◀アプリの経路表示画面
アプリで出発地と目的地を入力すると自動的に表示されます。

度や道路情報の更新に関する課題は存在します。電波状態による位置情報の誤差や、歩行者専用時間帯、通学時間帯、工事中で通行止の道路など、リアルタイムの交通状況への対応には限界があります。アプリベースのシステムは頻繁に更新される利点がありますが、ドライバーの経験と組み合わせて使用することが重要です。乗客においてもグーグルマップ等の最新アプリでのナビゲーションシステムであっても過度に依存せず、状況に応じて適切に判断することが、タクシーアプリ利用時の場合でも大切です。

●褒賞制度と相互評価

私が聞き取り調査を行った範囲では、一部のタクシーアプリでは、ドライバー側にアプリの利用頻度に応じた褒賞制度があるようです。ただし、これはすべてのアプリに当てはまるわけではなく、また公開情報ではないため、詳細は不明です。またドライバーが乗客の利用姿勢を評価できる仕組みが備わっているアプリ（ウーバー）もあります。さらに一部アプリには乗客の事前登録情報も限定項目がドライバー側のアプリ画面に明示されるので、ドライバーにも一定の安心感を持って接遇できる利点があるようです。

まとめ

1. タクシーアプリはドライバー側もその受付状態を選択できるため、混み合う時間帯や走行位置・天候の状況次第ではタクシーを捕まえるのに有利とは限らない。
2. タクシーアプリでのナビゲーションシステムが最新であっても過度に依存せず、ドライバーと利用者双方が状況に応じて適切に判断することが、アプリ利用時も大切。
3. 一部アプリにはドライバーが乗客の評価をできる仕組みが備わっていたり、乗客の事前登録情報の一部もドライバーに明示されたりする機能がある。

タクシーアプリと「日本版ライドシェア」の光と影④
アプリが利用できない地域と情報格差の問題

大都市のタクシーではすでに当たり前になったタクシーアプリですが、地方では小都市や過疎地中心にまだ使えないところがかなり残っています。またアプリの利用には必須アイテムのスマホの所持率が高齢者では低く（＊）、情報格差の解消は国民的な共通課題です。今後のタクシーアプリの普及拡大にこうした状況はどう変化していくのでしょうか？

●地方の小都市・過疎地はタクシー利用環境がアプリに不向き

地方の小都市や過疎地でのタクシー利用では、行先や経路も決まりきった場所が多いので、タクシーアプリなどのGPS情報に頼るケースが大都市に比べ少ないと推測されます。さらに後述するように無料配車が当たり前の環境にあるので、乗客はアプリが提供する利便性の恩恵を受けられる状況が少ないように思われます。さらに情報格差で問題となる高齢者の人口比率が、人口減少が進む地方では高いことが、こうした地域でのタクシーアプリの普及の障壁です。しかしタクシー会社にとっては、配車作業が合理化でき収益

◀GOアプリの青森県弘前交通圏のタクシー会社画面
地方では迎車料金とアプリ料金がかからないタクシー会社が多い。

＊：日本のスマートフォンの保有率は、70代が60.6％、80歳以上では27.3％（国民全体では77.3％）。「総務省令和4年通信利用動向調査」

改善につながるアプリの普及は急務な課題なのです。

●迎車料金やアプリ料金は馴染まない地方タクシーの営業環境

元来地方ではタクシーは電話で呼んで乗るものです。列車本数が減った駅前や大型スーパーなどタクシー乗り場があっても、タクシーが常駐していない場合には、専用の無料電話が近くに設置されているような所もあります。会社によってはフリーコール番号を用意しています。地方の中小都市では自社のタクシーを呼びやすい環境を整えてあり、乗客が無料で配車依頼ができます。また利用範囲が全国に広がっているタクシーアプリ「ＧＯ」を利用するにあたり、地方では、札幌、仙台のような中核都市を除き、迎車料金やアプリ使用料が有料なタクシー会社は今のところほとんど見当たりありません。

●情報格差対策としてアプリのあり方

様々な情報サービスがスマホベースに移行してきて、高齢者中心にデジタルデバイド（情報格差）が日常生活での問題となっています。個人的な見解ですが、地方での高齢者へのタクシーアプリ普及の鍵は、口頭で指示できるようなユーザーインタフェースの進化次第ではないのでしょうか？

まとめ

❶タクシーアプリはタクシー事業にとっては配車システムの合理化につながり、今後のタクシー業界の生産性向上に資する重要なデジタルツールである。
❷利用環境が複雑ではない地方のタクシーにおいては、利用者（乗客）にとってタクシーアプリは現行の無線配車システムにとってかわる程の魅力はない。
❸高齢者へのタクシーアプリ普及拡大の鍵は、使いやすいインタフェースの進化。

タクシーアプリと「日本版ライドシェア」の光と影⑤
日本でのライドシェアの進展状況

海外では21世紀初頭から登場してきた「ライドシェア」ですが、日本では官民挙げて様々な議論をされることがあっても、タクシー業界の反対もあってなかなか進展をみせませんでした。特に2020年初頭からの数年間は新型コロナウイルス感染で日本のタクシー業界が壊滅的な打撃を受けたこともあり、それどころではない情勢が続きました。2023年に入りコロナ禍が下火になると、一転して海外旅行客が増加したことに端を発し、全国各地でタクシー不足が社会問題化したのを機会に、その可否が再燃したのです。そして驚くほどの短期間の行政答申をもとに政策の方針転換がなされ、「日本版ライドシェア」(自家用車活用事業)が開始されました。しかしそれ以前から、地方の「交通空白地」においては、自治体やNPOが運用する自家用車の活用事業(自家用有償旅客運送)の普及を柱に対策がなされてきたことはあまり知られていません。実はこの交通空白地での自家用有償旅客運送のほうが、日本におけるライドシェア事業の将来を担う重要な動きと思われます。最新の情勢として、国交省では2024年7月に国交相をトップとする

◀「日本版ライドシェア」の運転席ナビはケータイのタクシーアプリを使っていました。

対策本部を設置し、「公共ライドシェア」に名称を統一して拡充を図ることになりました。

●「日本版ライドシェア」急展開の裏舞台

我国においては、ライドシェアの導入に関しては、海外での事業化が実現し始めていた2010年代初頭より、政策として論議されてきていました。その間にもライドシェアの実現に影響する様々な周辺状況が変化していきましたが、制度上の動きは緩慢でした。2023年に入り急転直下「日本版ライドシェア」導入背景には、複数の要因が絡み合っています。人口動態の変化（労働力人口の減少や、タクシードライバーの高齢化）、規制緩和の流れ（2000年代初頭からの運輸業界における規制緩和）、地方の交通課題（公共交通の維持困難や交通空白地帯問題）、技術革新（スマートフォン普及とアプリ技術の発展で配車システムの実現）、国際的な潮流（海外でのライドシェアサービスの普及と成功事例）、経済政策（ポストコロナの経済回復策として観光業振興と新たなサービス産業の創出）等がそれにあたります。そうした背景にあっても、確かに急激な訪日観光客の増加に伴うタクシー不足は大きな契機でした。

◀ｎｅｗｍｏ車両（大阪市・梅田地区）ｎｅｗｍｏは関西でタクシー会社を買収してライドシェア参入する新興企業。

●交通空白地でのライドシェア事業

「日本版ライドシェア」よりも前にできた、地方における交通空白地での自治体やNPOが運用する自家用車の活用事業（自家用有償旅客運送）は、様々な制約があり以前は輸送対象が地域住民だけに制限されていました。2020年11月に運行管理や車両の整備管理について一般旅客自動車運送事業者（バス・タクシー事業者）が協力する「事業者協力型自家用有償旅客運送制度」が創設され、観光客の輸送が認められるようになりました。報道などで知る限り、石川県加賀市での2024年3月からスタートした一般ドライバーと自家用車を活用した新たな移動サービス「加賀市版ライドシェア」は、それまでのこの制度では利用者限定でしたが、より幅広い利用者を対象とされるようになった点が特筆される事業例です。これは加賀市とライドシェア大手米Uber Technologies（ウーバー・テクノロジーズ）の日本法人Uber Japanとの間に締結された包括連携協定に基づき実現できたもので、全国の交通空白地に同様なサービスが拡大することで、交通弱者救済が期待されます。

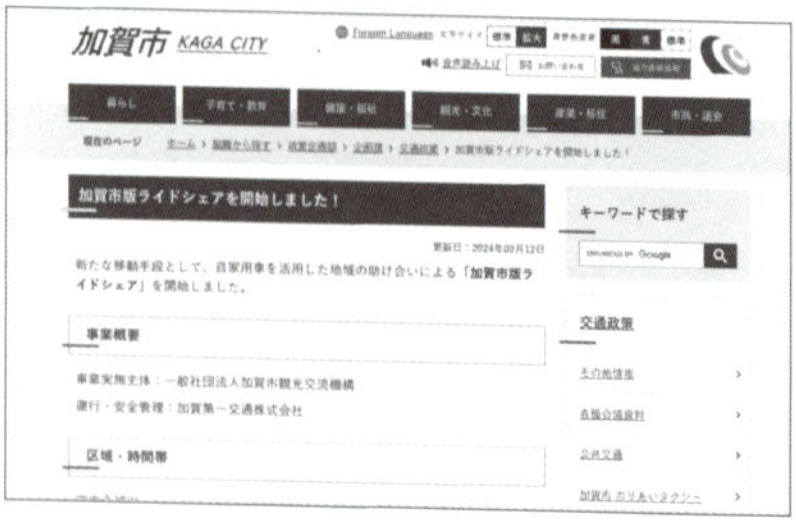

◀加賀市版ライドシェアのホームページ
ホームページにはアプリ（Uber）のダウンロードの方法も載っています。

●全国的にはまだら模様のタクシーの需給状態

しかし政策変換の起点となった「タクシー不足」は、実際には地域差があり、不足そのものは大都市に偏った現象ではないのでしょうか？　新型コロナで痛めつけられたタクシー業界では同時期にドライバーが大量退職しました。コロナ禍が終息しタクシー需要が回復してきても、タクシードライバーは第二種免許などの資格獲得に時間がかかるので、急速に補充はできません。さらに日本では少子高齢化の進展で、全産業で労働者不足が拡大してきています。おまけに職業ドライバーの残業時間制限が厳格化される「2024年問題」も重なり、トラックドライバー等他の類似業界から転職も期待薄であるというのが世間相場でした。もともとタクシードライバーは慢性的に不足していたので、新型コロナウイルスの問題が収束してくるにつれ、なおさらタクシー不足が目立つことになりました。しかし2024年の年頭からはこのドライバー不足も、アプリの普及がきっかけとなり、若年層の参入も増加傾向に転じて、東京などではタクシー会社のドライバー養成所が新人で定員越えの事態になっています。また外国人観光客の需要増で潤う地域には偏りがあり、多くの地方都市では週末などを除きタクシー不足ではありません。今回新設になった「日本版ライドシェア」の新規参入に関する報道では、仙台市などは応募者がゼロなのも納得してしまいます。

◀北海道旭川市一条通りと買物公園交差点（2024年9月）
地方都市では客待ちの空車タクシーが市内各所にあふれていました。

●「日本版ライドシェア」の利用価値

ライドシェアが一足先に定着した国では、このサービスの価格競争力が魅力であるとともに、新しい技術によっての消費者が不満だった諸問題（容易な空車検索と配車依頼、配車到着時間の明示、運賃の予告など）の解決につながったことが成功の理由だと思われます。しかし「日本版ライドシェア」はタクシー不足が著しい一部の地域と時間帯に限っての利用者の需要を満たすという利点以外には、従来のタクシー事業と比べ、利用できる対象も一部のアプリにとどまり貧弱です。

特に問題なのはタクシーに課せられた第二種免許でなく、わずか運転経験1年以上の第一種普通免許で可能であり、安全面やサービス水準が見劣りするにもかかわらず、料金は同じなのです。タクシーには安全運行のために、事業用車両として厳しい基準での車両整備義務、走行状態を把握できるGPS、緊急事態に対応する赤ランプなどが備わっており、タクシードライバーの多くはAED（自動体外式除細動器）の研修を受けているなど、乗客の安全確保にも配慮がなされています。

現時点では「日本版ライドシェア」の利用価値は、繁忙時のタクシーの補完手段として限定的と思えます。

◀日本交通㈱ホームページ上の「日本版ライドシェア」求人募集時給などの待遇条件が表示されています。

●タクシー会社にはドライバーの育成と確保等で利点あり

「日本版ライドシェア」をそれまで全面的に反対であったタクシー会社側が受け入れた動機はどこにあるのでしょうか? 公表されている各種の報道記事や解説、審議会資料などから、その意見や評論を私なりにまとめてみての見解は次の通りです。

基本的にタクシー会社側にはそれなりのメリットがあるからです。まず事業実施の管理を請け負うことで、他産業から新規参入を抑制し、タクシー市場の混乱を回避できることです。また同一運賃が認められたことで料金競争も避けられます。さらに結果的に慢性的に悩んできたドライバー不足に対しても、この「日本版ライドシェア」の従事者募集に絡むことで、潜在的なタクシードライバー予備軍の動向を把握し、転職推進につなげられるなどの利点があると考えられます。

まとめ

❶日本の経済復興には産業改革が急務であったが、ライドシェアは関係業界の反対にあい、長い期間頓挫した状態が続いた。
❷日本のライドシェアは、交通空白地での自治体やNPOが運用する自家用車の活用事業（自家用有償旅客運送）として、先行実施されてきていたことはあまり知られていない。
❸「日本版ライドシェア」は来日観光客急増でのタクシー不足を端緒に、短期間に政策変換して行政側主導で導入。

出典：国土交通省　資料

2024年7月	*2024年8月	事業者数		
		実施事業者	通知事業者	総事業者
0	0	27	28	48
-	-	9	9	46
0	0	23	25	65
0	0	8	9	30
5	0	99	111	311
7	0	43	46	111
4	2	19	35	68
0	0	18	24	63
0	5	26	34	175
2	0	34	35	80
0	1	19	27	69
0	0	35	41	95
18	8	360	424	1,161

2024年7月	*2024年8月	事業者数		
		実施事業者	通知事業者	総事業者
1	-	1	1	4
1	-	1	14	16
-	-	8	8	39
10	2	12	13	40
7	2	9	13	51
2	0	2	10	20
3	1	4	14	33
-	-	1	1	10
1	0	7	8	32
-	1	1	5	24
-	1	1	2	6
-	-	4	4	5
0	0	2	3	6
0	0	2	4	13
0	0	1	2	7
-	-	2	2	10
-	-	1	3	29
-	-	1	1	15
-	-	7	7	13
25	7	67	14	373

「日本版ライドシェア」の実施事業者の現状（2024年8月18日現在）

大都市部（12地域）

都道府県	地域	2024年4月	2024年5月	2024年6月
北海道	札幌	-	27	0
宮城	仙台	-	7	2
埼玉	県南中央	-	7	16
千葉	千葉	-	0	8
東京	特別区・武三	74	7	13
神奈川	京浜	29	5	2
愛知	名古屋	5	8	0
京都	京都市域	16	2	0
大阪	大阪市域	-	5	16
兵庫	神戸市域	-	2	30
広島	広島	-	15	3
福岡	福岡	-	26	9
合計		124	111	99

その他の地域

都道府県	地域	2024年4月	2024年5月	2024年6月
北海道	伊達圏	-	-	-
青森	青森	-	-	-
茨城	水戸中央	-	-	8
埼玉	県南東部	-	-	-
埼玉	県南西部	-	-	-
東京	南多摩交通圏	-	-	-
	北多摩交通圏	-	-	-
富山	富山	-	1	-
石川	金沢	-	6	0
福井	福井交通圏	-	-	-
	敦賀交通圏	-	-	-
長野	軽井沢町	4	-	-
岐阜	大垣	-	-	2
	岐阜	-	-	2
	東濃西部	-	-	1
	美濃・可児	-	-	2
静岡	静清	-	-	1
三重	志摩市	-	-	1
沖縄	石垣	-	7	-
合計		4	14	17

（注）＊2024年8月度は2024年8月第3週までのデータ
通知事業者：実施可能車両数が通知された事業者、総事業者数：当刻交通圏における総タクシー事業者数

全国各地の「公共ライドシェア」実施自治体一覧

出典:日本農業新聞電子版2024年10月10日

地域	自治体	開始時期
北海道	北海道石狩市	2010年4月
東北	岩手県北上市	2010年7月
	岩手県宮古市	2024年1月
	秋田県上小阿仁村	2005年12月
	山形県西川町	2024年3月
関東	埼玉県飯能市	2018年12月
	千葉県富津市	2022年12月
	神奈川県三浦市	2024年4月
中部	新潟県佐渡市	2024年7月
	富山県朝日町	2020年8月
	富山県高岡市	2022年11月
	石川県加賀市	2024年2月
	石川県小松市	2024年2月
	山梨県丹波山村	2017年12月
	静岡県浜松市	2023年11月
	静岡県東伊豆町	2024年2月
関西	京都府京丹後市	2016年5月
	京都市綾部市	2024年1月
	京都市舞鶴市	2024年3月
	兵庫県養父市	2018年5月
中国	島根県邑南町	2019年4月
四国	徳島県那賀町	2014年3月
	愛媛県八幡浜市	2008年6月
九州	鹿児島県喜界町	2024年3月
沖縄	沖縄県東村	2024年7月

【コラム】「日本版ライドシェア」に乗ってみた

まず「日本版ライドシェア」のことを知るには、実際に乗ってみるのが早道です。さっそくそのためにスケジュールを調整して、2024年6月に東京都心部で2回ほど「日本版ライドシェア」を利用してみました。本コラムはその体験をもとにしたレポートです。

(1)「日本版ライドシェア」に確実に乗車する方法

「日本版ライドシェア」はUberでしか指定できない

「日本版ライドシェア」はスタート時点では四つのタクシーアプリに対応しています。配車依頼で「日本版ライドシェア」をアプリ画面で指定できるのは、2024年6月時点ではUberだけで、他のアプリでは一般タクシーと混在の配車となります。Uberの配車希望の車種を選択する画面で「日本版ライドシェア」(実際は自家用タクシーと表示されます)を選ぶとしようとすると、実際には早く到着するタクシーやクーポンを使える安い運賃のタクシーもあり、わざわざ「日本版ライドシェア」を指定して配車依頼するのはちょっと物好きな乗客ですね。

▲Uberで日本版ライドシェアの選択画面
タクシーの方が早くで安い場合もあります。

(2)「日本版ライドシェア」は地域と時間帯が限定

利用地域が限定され、乗車可能時間帯が地域ごとに異なる

東京特別区・武三地区では「日本版ライドシェア」が利用できる時間帯は私が利用した時点では、平日(月~金):7~10時台、金・土曜日:16~19時台、土曜日:0~4時台、日曜日:10~13時台に限られます。

2024年7月からは24時間先までの降水量の予報が1時間5㎜以上となった時間帯でも最大4時間まで営業できるようになりました。今回は2回とも金曜日の夕方に利用しました。

▲アプリ画面で乗車位置を指定されます
車両が迎車で来る向きとその先の進行先によって最適な乗車位置を指定されます。

(3) 実際の乗車で感じた諸懸案
幾分問題が残る接遇と車両表示

最初に利用した車両はスライドドアーで、自動的に開きましたが、2度目の車両は5ドアの小型SUVなので、自分でドアを開けて乗車しました。1度目の車両にはUberのステッカーが貼ってありましたが、2度目のSUVにはライドシェアのステッカー表示がありませんでした。乗る車両のナンバープレートがアプリ画面に表示されるのでそれで車両を区別しました。車両が確認できて、ドライバーに行先を確認して乗車します。乗車後、シートベルトの着用を促す声掛けがなかったことは、安全面での課題と感じました。タクシーでは標準的な安全確認手順であり、「日本版ライドシェア」でもこうした基本的な安全対策の徹底が望まれます。その後目的地まで、10分間位車内でいろいろこのドライブシェアのことを聞きましたが、どちらの担当ドライバーとも緊張気味で、話が弾むまでにはいたりませんでした。二人とも自分の好きな時間に仕事ができる点が「日本版ライドシェア」の参加動機であることはわかりました。わずか2回の乗車なのでその範囲での感想になりますが、ベテランタクシードライバーのようなソフトな乗り心地のアクセルとブレーキの操作は難しいようでした。

▲Uberの日本版ライドシェア車両
ボンネットには「日本版ライドシェア」の目印のステッカー。所属タクシー会社名も掲示してあります。

(4) タクシーとは違う配車場所

乗車場所は制限される

アプリ画面で乗降場所を入力すると、実際の地図上で車両に乗る乗車場所を指定もしくは選択することになります。特に車両が迎車で向かってくる方向と目的地への方向を考えた最適な位置を提案する仕組みなので、その場所に移動して待機することになります。交通量の多い鉄道駅付近の大通りでは乗車したい場所を指定できないゾーンが赤色で表示されるようで、最初乗ろうとした飯田橋駅（千代田区）の外堀通り沿いでは乗車できず、乗車可能地点を指定できる一番近い軽子坂脇まで100m程歩くことになりました。利用する車両の到着時間が刻々と表示され、あと何分で到着するかが正確に表示されます。

▲運転手席には運賃メーターがありません
防犯板もなくドライバーの声は聞こえやすい。

(5) 運賃は配車依頼時に決定済

料金が決まっているのは安心

アプリ登録カードでのキャッシュレス決済なので、支払いをしないで済み、すぐ降りられるのは便利です。ただし途中で行先を簡単には変えたりできないなど、ちょっと不便です。「日本版ライドシェア」の最大のメリットは即応力にあると思います。しかし、同じ運賃であれば、安全性や接客サービスの面でより経験豊富な通常のタクシーを選択したいという意見もあるようです。今後、「日本版ライドシェア」がどのように独自の価値を創出し、差別化を図っていくかが注目されます。

▲アプリの運送終了確認画面
Uberは運送終了時に画面でドライバーの評価、チップの有無、領収書の転送ができます。

タクシーアプリと「日本版ライドシェア」の光と影⑥
「日本版ライドシェア」の課題

「日本版ライドシェア」が東京地区を皮切りに開始されてから、まだ半年たらずしか経っていません。少しずつその結果が出てきていますが、ドライバーの採用や稼働、サービスの利便性向上に向けた課題が残るといった報告があります。特にドライバー応募者が多い割に内定率が極端に低いこと（P155まとめ参照）、営業所単位になっている台数制限の事業者単位変更への要望など、運用面や管理面でも様々な課題に直面しています。

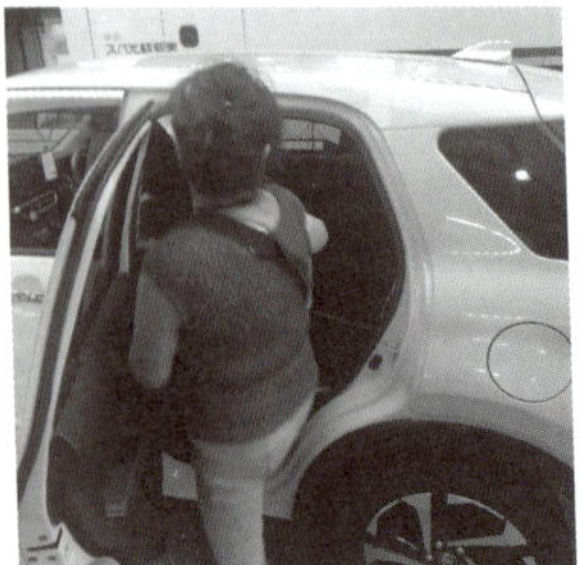

◀「日本版ライドシェア」車両に乗り込む。（東京都文京区　2024年7月）自分でドアを開けて乗ります。

●料金はタクシーと同じ

私の限られた利用経験（東京都内で夕方2回）からの私見ですが、「日本版ライドシェア」で気になることは何点かありました。まず車体自体が一般車両なので車の到着がわかりにくいことです。次にドアの開閉を自分でする こと、さらに車内では領収書がでないので後から自分で出力すること、経路の指定や変更、行先の変更ができないこと等、タクシーならできることが、ないないづくしなのに料金は同じなのです。タクシーが捕まえづらい時間帯

＊：ライドシェア事業向けの自動車保険：三井住友海上火災保険とあいおいニッセイ同和損害保険は「移動支援サービス事業用自動車保険特約」を開発し2024年4月から販売を開始。

に、いつでもどこでも早く乗れれば便利だとは思います。

●安全面での課題

タクシーの運転には第二種免許が必須なのに対し、今回の「日本版シェアは」第一種普通免許（しかもわずか1年以上の経験で可）で担当できることが問題です。安全運転面で第二種免許は最低条件にしてほしいものです。「日本版ライドシェア」の運行管理はタクシー会社が責任を負うことになっていますが、出庫前の点呼、指導監督、事業用車両同様に厳しい整備基準など、タクシーと同様な安全基準を適用されるかなどについては、公開情報では確認できないことに幾分課題が残されています。

●ドライバーにも危険がいっぱい

「日本版ライドシェア」では、タクシー会社が運行管理を行うことが条件となっています。このためドライブレコーダーの設置を含む安全対策やサポート体制も現行のタクシーサービスと同様のレベルが確保されると想定されますが、乗客とのトラブル対策のサポート体制や自車被害での補償面ではまだ募集要綱などの公開情報では明確でないことが課題です。

まとめ

❶現行の法制下で実現した「日本版ライドシェア」には運用面管理面などで多くの課題をかかえていることが、実施開始後の関係官庁の諮問会議で顕在化。

❷ドライバー応募促進の、あたりのよいセールス文句（すきま時間利用、女性にも好適等）の広告が目立ちますが、細かなサポート体制は公示されておらず、実際の面接を経た応募者の内定率が極端に低い（1.5％）との報告（２０２４年７月内閣府第17回 地域産業活性化ワーキング・グループ）もあります。

❸乗客とのトラブル対策のサポート体制や自車被害での補償面ではまだ明確でないが、「日本版ライドシェア」のドライバー向けの保険（Ｐ１５４下段＊）サービスが提供開始。

タクシーアプリと「日本版ライドシェア」の光と影⑦
これからの日本で必要なライドシェアとは

ライドシェアは国土交通省の調査では、海外調査対象国58か国中30か国で未承認であり、韓国、アイスランドのようなＩＴ化先進国も含まれています。ライドシェアに関する議論は日本でも以前から活発に行われていますが、規制緩和を支持する意見がある一方で、既存のタクシー業界への影響や安全性の問題を懸念する声も多くあります。海外の成功例や個人の経験談が議論に強い影響を与えている面もありますが、日本の実情を考慮した慎重な検討が必要とされています。

●日本でのタクシー事業に課せられた厳しい基準

タクシー事業者には安全、安心のために毎年の車検やドライバーの健康管理、保険への加入などにコストをかけており、ライドシェアの諸条件を検討するにあたって、日本のタクシー事業の前提条件を考慮しないライドシェア推進論だとの反対意見もタクシー業界ではくすぶっています。海外のライドシェアの成功例をそのまま日本に適用させるのには、日本には法規制や文化

◀国際線ＬＣＣ　ＺＩＰＡＩＲ機（成田空港）
安全基準面での同一条件ではＬＣＣは日本でのライドシェア事業のお手本のビジネスモデル。

的背景、インフラが異なるという状況の違いがある点が考慮されていないという意見です。日本のタクシードライバーには第二種免許の保持が必要で、適性検査や就労前研修など、高い基準が設けられています。一方、「日本版ライドシェア」では、タクシー会社がドライバーの雇用と運行管理を行うことが条件となっており、安全面での基準はタクシー業界に準じたものとなっています。具体的には、タクシー会社によるドライバーの教育や運行管理等が義務付けられています。また日本のタクシーは犯罪率の比較でも極めて安全であり、こうした安全条件を担保する対策（応募者の性犯罪歴の事前調査の有無など）が今回の「日本版ライドシェア」の実施要項には明示されていないようです。

●LCCに見習うべき日本でのドライブシェアのビジネスモデル

ライドシェアの推進を考える時、良いお手本は航空業界のLCC（ローコストキャリアー：格安航空会社）の存在です。安全面でタクシーとライドシェアでのドライバーや車両等の安全基準のあり方が問題になっていますが、既存の航空会社（フルサービスキャリア：FSC）とLCCではパイロット、客室乗務員や機材はまったく同じ基準で、安全面での差がありませ

＊1：平成20年度から29年度までの10年間に、日本一周（約1万2000km）よりも長い1万3249kmが廃止されている。（出典：2022年総務省行政評価局資料）。

＊2：いわゆる「2024年問題」（改正労働基準法の適用によるトラック運転手の労働時間規制）の影響で、バスやタクシーのドライバー不足が深刻化。2023年の調査では、全国で12万1000人のバスドライバーが必要なのに対し、実際の運転手は11万1000人で、1万人不足しているとしています。（出典：日本バス協会実施の全国バス会社778社に聞き取り調査結果）

＊3：NPO法人による「公益ライドシェア」の実験が日本各地で始まっています。石川県加賀市では、2024年3月16日からUber Japanと加賀市観光交流機構、加賀第一交通は、Uberアプリを使った加賀市版ライドシェアの提供を開始。

＊4：通院や買い物など、高齢者の日常的な移動ニーズへも柔軟な対応が可能。

ん。ＬＣＣはサービス内容の面での差別化（低価格化）を実現したビジネスモデルです。日本でのライドシェアを考える時、安全基準は既存航空会社と同じであるＬＣＣのビジネスモデルはひとつのヒントになると思います。

●本当に必要なライドシェア事業は交通弱者対策

ライドシェアの技術は、都市部での低価格交通手段の提供以上に、地方の公共交通インフラ衰退対策として大きな可能性を秘めています。その理由は、まず地方の公共交通の維持が困難となっている交通問題（前頁＊1参照）への貢献、公共交通でのドライバー不足（前頁＊2参照）への対策、交通空白地帯におけるライドシェアの可能性（前頁＊3参照）と交通弱者への対応（前頁＊4参照）などに因ります。そして「公共ライドシェア」は、今まで各地で試行錯誤していた自治体主体の各種公共交通対策よりも細かなニーズに応えられる可能性があります。これらの点から、ライドシェアの技術を活用した新しい交通システムは、地方の交通弱者救済に大きく貢献できる可能性があります。都市部での単なる低価格サービスではなく、社会的課題の解決こそが、ライドシェアの重要な使命といえるでしょう。

まとめ

❶わが国のライドシェアの議論は現行のタクシーに課せられた安全面や制約・規制等の諸条件を無視した規制緩和論に終始。

❷ライドシェアビジネスの参考にはＬＣＣのように安全策では同水準の条件を担保した上での新しいビジネスモデルの創出がカギ。

❸少子高齢化の進展で社会構造が激変する日本では、ライドシェアは地方公共交通インフラ衰退対策として新しい公共交通システムへの応用がより急務。

How to take a taxi

第5章

より快適な「タクシーの乗り方」

私は仕事柄首都圏を中心に全国各地で40年間以上にわたり、タクシーを頻繁に利用してきていました。60歳を過ぎ、今度は日本でのタクシーの本場ともいうべき東京区部でタクシードライバーとして働くことになりました。こうして奇しくもタクシーの両面を知ることになりました。その結果、乗客とドライバー双方の利害を明確に理解できるようになりました。一見対立構造にあるこうした相反する利害も、ちょっと視点を変えるだけで実は共通の利益に変化します。そうした発想の転換をすることで、タクシー利用の快適度は劇的に進化します。タクシーが使いにくいと嘆く前に、タクシーの達人の様々な具体例を知ってより快適な「タクシーの乗り方」を実践してほしく思います。

より快適な「タクシーの乗り方」①
タクシードライバーを味方につける

世の中には今もタクシードライバーを「運ちゃん」呼ばわりするなど職業蔑視する方もいて、命令口調で各種の指示をするなどカスハラまがいの行為が問題となっています。こうした乗客にはドライバーもいわれた通りに進行するだけで、渋滞回避のノウハウなど自分なりにもっている技やアイディアを積極的に提案する気にはとてもなれません。指定された通りの経路で目的地まで送り届け、一刻も早く降りてもらいたいのが本心です。「早く出せよ」「まっすぐ」など行先を確認する前に発車を急がせるなど、車両に乗るなり上から目線で矢継ぎ早に命令してくるタイプの乗客は、タクシードライバーに冷遇されてもしかたありません。

タクシーを利用する場合は、「約束の時間に間に合わない」「行きたい場所がわからない」など自分が困った状況に置かれていることがしばしばです。そうした時に、ドライバーに自分が直面している困難な状況をなんとか打開してもらえるように命令口調ではなくお願いとして頼んでみると、俄然対応が変わります。私の経験では、個人差がありますが、多くのタクシードライ

◀運転中のタクシードライバー
タクシードライバーを味方につけるのが快適な乗車の第一歩。

バーは乗客を助けることにやりがいを感じているようです。快適なタクシー利用の第一歩はドライバーをまず自分の味方につけることです。

●走り方が変わる

速度違反をしてまで急ぐことはご法度ですが、タクシードライバーはプロのドライバーです。実際に急ぐ時の走り方はそれなりの工夫があります。都心部では左側車線は停車しているクルマが邪魔になり、進路変更を頻繁にしないとならず運転が難しいので、逆に空いていることが多いのです。普段、空車での流し営業で左側車線を走っているタクシーは、左側車線を走り慣れています。急いで市街地を走るには、多くのドライバーが苦手とする左車線を上手に使い分けて、専ら第二車線の通行帯を走っているクルマよりも、同じ区間を走っても信号数回分位前（先）に行けるかもしれません。

●普段通らない裏道を使う

安全が第一のタクシーでは、知っていてもタクシー走行に向かない住宅地の小路や裏道などは通らず、バス通りなど広い道を通るのが普通です。でも緊急事態となれば、話は変わります。速度面では不利となりますが、信号待

◀首都高速風景
大都市の市中にある自動車専用道の使い方はタクシー利用の重要ポイント。

ちをしないで済む小路や裏道など、普段は通らないルートを工夫して少しでも早く目的地に着けるようにしてくれます。

●高速道路の合理的な使い方を提案

高速道路は渋滞がなければ、信号がないこともあり一般道よりも抜群に早い走行が可能です。東京都心の首都高速（実際は制限速度60㎞/時の自動車専用道路）は信号がない分、ひどい渋滞がなければ一般道より早く移動可能です。しかし首都高（首都高速の略称）は出入口の位置が複雑なので、熟知していないと時間短縮にその威力を発揮できません。

その点、日頃から首都高を走り慣れているタクシードライバーは、幾分料金がかかっても、最適な経路を提案してくれます。その提案を受け入れるかはあなた次第で、ある意味「賭け」でもありますが、代案がないなら、乗って損がない急ぎの対策です。万が一渋滞になっても、高速ボタンを使っているので、一般道では併用となる時間メーターは対象外です。結局高速代を払っても安く早く着けるケースもあるのです。

●合理的な降車場所を教えてくれる

◀東京駅日本橋口
新幹線ホームに早く行ける、東京駅での降車場所の穴場的存在。

乗客が最終的に行きたい場所をタクシードライバーに詳しく説明すると、初めに自分が希望した降車場所よりも、少し歩くかもしれませんがより早く着ける降車場所を教えてくれる場合があります。都心部では最短経路で目的地付近まで到着しても、乗客の降車指定場所に付けるには、一方通行やUターン禁止などによって時間が取られることがあります。そうした目的地を目の前にしながらも降車場所に付けづらいケースでは、道路を挟んだ反対側に降車して横断歩道や地下道を使うと早く着けたり、大きな駅では別の乗降口を使うと早く列車に乗れたりすることがしばしばあるからです。ドライバーを味方につけるとこうしたアイディアも出てきます。

まとめ

❶タクシードライバーの多くは、頼み上手な乗客からの依頼事は断れないタイプの人情家が多く、人助けになることで充実感を感じる。
❷「急いで」というよりも、「何時まで着けるかしら」、「○時まで着かないと○○に間に合わないの」とか助けを求めるように依頼する。
❸タクシードライバーに最適な降車位置を相談すると、最終目的地への到着時間を短縮できる場所をアドバイスしてもらえる場合もある。

より快適な「タクシーの乗り方」②
タクシーの変化と進化を知る

タクシーは新型コロナウイルスの感染問題を境に、その環境が大きく変化しました。コロナで増加した退職ドライバーが戻らずドライバー不足が全国的に問題となり、営業体制が変わってきています。さらにネット環境の進展に伴い、ネット予約やタクシーアプリが使えるエリアが拡大しています。車両タイプを指定できたり、女性ドライバーを指定できたりするなど、新たな選択肢が増えサービス体制が進化してきています。

●普段行かない地域のタクシー利用は営業体制を事前チェック

最近地方では早朝や深夜の営業時間を短縮または中止するタクシー会社が多くなり、時間によってタクシーを呼べない、予約できない地域も出てきています。より深刻なのは、タクシー会社そのものがなくなった地域もあることです。普段行くことがない地域に出かけてタクシーを利用する可能性があるなら、まずタクシー事情をホームページ等で事前に調べておきましょう。その地区固有の割引運賃の改廃など、運賃改定にも注意しましょう。

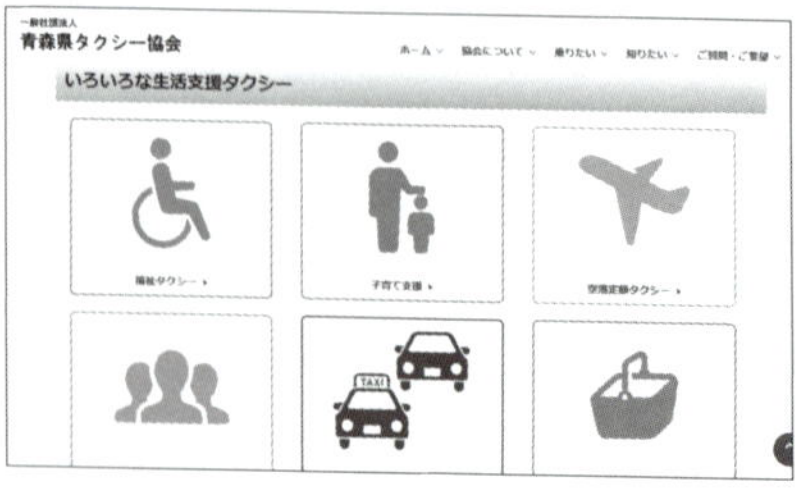

◀青森県タクシー協会のホームページ
各地のタクシーの新しい情報はまずは各県のタクシー協会のホームページから。

●タクシーアプリはまだ普及半ば

多くの場合迎車料金はかかるものの、乗りたい場所に短時間でタクシーを呼べるタクシーアプリは非常に便利です。いろんな種類のアプリがありますが、使えるエリアは大都会や地方の中核都市に限定され、全国どこでも使えるわけではありません。アプリのタイプにより条件が異なるので、数種のアプリを事前に使用感をチェックし練習した上で使い分けましょう。

●新しいサービスの登場

都会地を中心に今までのタクシーにはなかった新しいサービスも登場しています。まずワゴンなどの大型車両も利用できます。さらに女性ドライバーの指定、チャイルドシート設置車の指定、キッズタクシー、同行サービス付きタクシー、陣痛（マタニティー）タクシーなど付加価値サービスを提供する会社が増えています。さらに一般のタクシー会社とは異なる専門のタクシー会社が運営する介護タクシーやペットタクシーもあります。利用には事前登録が必要であったり、料金・運賃は一般タクシーとは異なったりする場合があり、実施する会社のホームページ等で事前確認することを勧めます。

まとめ

❶タクシー業界も、社会動向の変化と技術革新の影響を受け、その事業形態、営業体制、提供サービスなどが日々変化と進化をしている。

❷知らない地域でのタクシー利用は、営業時間、アプリ体制などの最新情報をホームページで事前チェックしておくと安全。

❸今までなかった新タイプのタクシーサービスにも注目。

より快適な「タクシーの乗り方」③
「急いで」はタクシーの禁句

「急いで」という言葉は、実はタクシードライバーには禁句です。世の中でタクシードライバーほど、「急いで」いるドライバーはいないのです。営業上位のタクシードライバーは乗車回数が桁違いです。なるべく乗客を早く届けて、すぐまた乗客を乗せる。これを繰り返すことで売上が伸びるのです。タクシーの最大のメリットは「時間を買える」ことです。タクシー利用者の多くが、約束の時刻に間に合わせるため、高い料金のタクシーを使うのです。そうしたお客様がいないとタクシーは成り立ちません。このことは誰よりもタクシードライバーが知っています。タクシーに乗ってくる方の大半が時間厳守のために利用することは、乗った雰囲気で瞬間的にタクシードライバーは察知します。お客様が安全に乗車したことを確認し、ドアを閉めたら手際よく行先と経路を確認し、一刻も早く目的地に向け出発します。

●急いでほしい時のドライバーへの効果的な依頼方法

本当に「急いで」ほしい時は、ドライバーにもよりますが、一番効果的な

◀速度制限表示板（東京都世田谷区）住宅地ではこの位広い道路でも制限速度は30キロなのです。

依頼方法は、「○○時まで着きたいけど、大丈夫ですか？」とまず聞いてみることです。返答で「ちょと無理ですよ」と言下に断られても、「遠回りになってもいいから、何とかその時刻に着く方法はないの？」と食い下ってみます。「高速を使ったらなんとか行けるかもしれない」とか、「できるだけ努力しますから、道はまかせてください」という返事がもらえたらしめたものです。ドライバーは全知全能を傾けてあなたを時間通りに目的地に届けようとします。遅れたとしても最小限に済むはずです。実はこうした依頼に生き甲斐を感じるタイプの方が、ベテランドライバーには多いのです。

○○時に着きたい理由が、「試験」「面接」「結婚式」など事情を話しておくとさらに効果的です。だれでも人助けになることには、手を貸したいのが人情だからです。

この反対に明らかに、交通ルールを無視した速度超過、禁止場所でのUターン、割り込み、追い越しなどの強要は、安全運転の妨害となり、度が過ぎれば「運送拒否」（＊）の対象です。「急ぐ」なら、命令口調ではなく、ソフトに「お願いする」ほうが実際の結果となって実現します。

＊：タクシードライバーは特定の状況下では乗車拒否が認められます。例えば、法令違反や公序良俗に反する行為の要求、運送約款違反、安全運転を妨げる行為などが該当します。具体的には、速度超過や危険な運転の要求、法令に違反する経路の指定、その他ドライバーや他の乗客の安全を脅かす行為等。

まとめ

❶「急いで」タクシードライバーには禁句。タクシードライバーほど、「急いで」いるドライバーはいない。

❷法令順守で安全第一のタクシードライバーには走り方を工夫し、早く目的地に行く方法をたくさん知っている。

❸「急いで」ほしい時の一番効果的なドライバーへの頼み方は、「○○時まで着きたいけど、大丈夫ですか？」とまず聞いてみること。

より快適な「タクシーの乗り方」④
タクシーの乗り降りを早くする方法

タクシーは急いでいるから使う方が多いはずです。しかし釣銭の受け渡し等でもたつき、降車に時間がかかるとイライラします。そうした事態を防ぐには、乗客側の工夫が必要です。そうすることでストレスなく快適なタクシー利用ができます。

●ドアの開閉が僅かに早い従来型のセダンタクシー

ジャパンタクシーなどスライドドアのタクシーは開閉が電動式でセダン型の引手ドアより時間が少し余計にかかります。ドアの開閉は乗車時と降車時の計3回で、その分余計に時間がかかる勘定です。実にわずかな時間ですが、この時間も惜しい方は、トランク収納の手荷物がないならセダンタイプのタクシーを選んで乗ることです。些末で感覚的なことですが、急いでいるときの心理的な安心感は得られます。

◀セダン型タクシー
引手方式のドアは開閉が早い。

●経路を正確に指示できると発車が早い

タクシーでは発車前にドライバーが行先と経路の確認が必要です。広域な大都市ではナビで入力して経路を確認してから発車するドライバーが増え、その分さらに時間がかかります。早くに発車してもらうには、行先と経路をすばやくドライバーに認知を促すことに尽きます。道案内するからとにかく発車してほしいと頼んで、順々に経路を正確に指示できれば、ドライバーは運転に集中し、早く着くことができます。タクシーで早く着きたいなら、行先は住所よりも通り名や交差点名で指示できることです。

●支払い方法を工夫して早く降りる

降車時の支払いを工夫することで、タクシーを早く降りられます。アプリ利用でのカード事前登録なら、支払いは不要で最速です。交通系ＩＣカードタッチ式のカードも釣銭の受け渡しがないので早く済ませることができます。クレジットカードや電子マネー等なら目的地に着く前に支払いたい方法を予めドライバーに告げておくと、到着直後に機材を用意してくれて早く処理がすみます。

まとめ

❶セダン型タクシーのドアは運転手のレバー操作なので、スライド式より開閉に時間がかからない。僅か1分程の時間節約の心理的な安心感。
❷乗った直後に行先と経路を通り名や交差点名でドライバーに教えることができれば、ドライバーはすぐに発車しやすくなる。
❸降車時の支払いを工夫することで、早く降りられる。

より快適な「タクシーの乗り方」⑤
タクシーに安く乗る方法

タクシーにアプリが登場して以来、WEBで「タクシーに安く乗る方法」を紹介する記事が多数掲載されています。日本でもタクシーアプリの各種クーポンを使うと安く乗れますが条件付きです。全国各地のタクシーには様々な割引運賃制度があり、条件次第で通常運賃より安く乗ることができます。各地のタクシー協会のホームページ等で各種タクシー運賃を前もって調べておくと、賢い使い方ができます。

◀MKタクシーの広告看板（伊丹空港 2024年7月）空港送迎に通常運賃より安い定額運賃が使えます。

●各種の割引運賃

タクシーでは割引身障者手帳所持者は割引が利用できます。また会社によっては、運転免許を自ら返納し、運転経歴証明書の発行を受けた方は、運転経歴証明書を提示すると1割引きになるところもあります。全国各地には、その地域独特の各種の遠距離割引運賃の制度や定額運賃制度があり、条件付きですが通常運賃より割引が適用されます。これらの割引制度は対象者や対象旅程が限定された公認の割引制度です。

●アプリなどの割引は条件付き

日本のタクシーアプリでは、クーポンやキャンペーンで安くなるように思えても、様々な条件があり常にだれもが利用できるものではありません。アプリ利用はほとんどの場合、迎車運賃とアプリ手数料分が割高となり、安く利用できるケースは例外的です。

●安く乗るコツは目的地と経路を的確に指定できること

タクシーに安く乗るには、「目的地と経路を的確に指定できる」ことに尽きます。地理に疎いドライバーにあたってしまったら不運ですが、それも経路指定が的確にできれば遠回りは回避できます。特に広域な生活圏である大都会でのタクシーの最大の利点は、公共交通機関利用の乗り換えにかかる時間を省き目的地に直行できて「時間を節約（買う）できる」ことです。都市高速の上手な使い方を知っていると、意外なことにタクシーでは一般道利用よりも高速代金を払っても、「安く」目的地に着ける場合が往々にしてあることです。こうした事実はベテランドライバーの頭に入っていて、ドライバーの話を聞いてくださる乗客の方には積極的に提案します。

まとめ

❶遠距離や特定区間の割引運賃制度を知っておくことでタクシーに安く乗ることができる。
❷アプリでクーポンなどを利用しても一時的な割引であり、常にタクシーに安く乗れるわけではない。
❸「経路指定を的確に指定できる」と結果的にタクシーに安く乗れる。大都市では「都市高速」の使い方次第で料金が安くなる場合がある。

より快適な「タクシーの乗り方」⑥
時間帯（早朝、通勤時間、夕方、深夜）別の対処法

普段あまり利用しない時間帯にタクシーを捕まえようとして、なかなか乗れなかった経験がある方も多いでしょう。実はあなたが思っている以上に、特定の時間帯は日常的にタクシーを利用する方が多い場合もあれば、その反対に極端にタクシーが少なくなる時間帯もあるのです。

●早朝にタクシーが少ない理由

タクシーは大都市では24時間営業は当たり前ですが、早朝には空車のタクシーが極端に少なくなります。元来この時間帯は、需要が少ないのでドライバーの交代時間帯になっており、走っているタクシーが少ないのです。帰庫（タクシーが車庫に戻ること）する車両が多く、出庫（タクシーが車庫から営業に出ること）が増える時間帯まで稼働車両が減少するからです。深夜から早朝になるにつれ、目の前を通るタクシーがことごとく「回送」であるのはそうした事情なのです。早朝はアプリや電話予約でないと、なかなか空車のタクシーを捕まえられません。地方なら前日予約でないと対応できない会

◀デパート伊勢丹本店（新宿区）のタクシー乗り場
専属のタクシー会社と契約していて夕方の混雑期でも配車が潤沢です。

社もあり、営業時間の短縮で予約をやめている会社も増えているようですのでネットなどで調べてから利用しましょう。

●朝の通勤時間帯が慢性的にタクシー不足になる理由

大都市の都心部では朝の通勤時間帯は慢性的にタクシー不足です。その理由のひとつは、タクシー会社の営業所（車庫）が地価高騰でどんどん周辺部に移転したことです。法人タクシーでは、交代するドライバーの多くが出勤して揃う、午前7時以降でないと出庫車両が増えません。朝は交通渋滞もあり都心部にタクシーが増えるのは、タクシーの営業所出庫時刻より30分から1時間ほどのタイムラグがあります。出社時刻が早い会社や学校に遅れそうでタクシーに乗りたい方も多いので、そういった乗客でタクシーを取り合うことになります。またタクシーが都心部へ向かう途中の主要道でも通勤者を乗せるので、都心部に入る前に周辺部の車庫から都心部に向かうタクシーのほとんどが乗車されてしまうのです。それと毎日タクシーで通勤する常連客もおり、そうした方が降りない限り空車が増えません。

このような事情で都心部では通勤時間帯にタクシーが足りないのです。その反対に午前9時半頃を過ぎると、今度は急激に空車が増えるのです。この通勤

◀郊外駅（東京都東村山市）JR新秋津駅）のタクシー乗り場
朝の通勤時間帯は空車タクシーが駅前の乗り場でもなかなかまわってきません。

時間帯の乗車に確実を期す方法は予約（アプリ・電話）しかありません。その他捕まえやすいのは、タクシー通勤者の多い高層ビジネスビルや複合商業施設付近で乗客の降りた直後のタクシーに乗り込む方法です。

●夕方は渋滞地区に注意

朝の通勤時間帯に次いで利用客が多いのは夕方です。この時間帯は会食や接待などの会合に間に合うように、オフィス街から歓楽街への移動客が多いのですが、気を付けたいのは行先、方向や経路などで渋滞の多い地域への乗車です。特に路地を入って行きたいお店の前に付けるとなると、駐車車両や歩行者等で徐行のため運賃がかさむので、進入経路と降車場所に工夫が必要です。アプリではキャンセルされないよう乗降場所の指定に注意しましょう。

●乗車禁止地区と歓楽街での深夜帯の乗車方法

東京の銀座地区や大阪の北新地等では夜間の特定時間帯は地区全体にタクシーの乗車禁止地区が設定され、指定のタクシー乗り場からしか乗車できません。その時間に制限地区で乗客を降ろした直後の空車タクシーに乗れないのは乗車拒否ではありません。また深夜には大都市の多くの歓楽街（東京・新宿、

◀東京銀座乗車禁止地区の道路標識この地区でのタクシー乗車は時間帯に注意。

札幌・すすきの等）ではその時間帯に限定したタクシー乗り場ができ、その乗り場前には長い待機タクシーの列ができます。深夜の繁華街では、指定されたタクシー乗り場で順番に並びますが、特定の会社や支払い方法を希望する場合は、他の待っている方々への配慮をした上で、ドライバー等に相談して指示に従ってください。

まとめ

❶都市圏では特定の時間帯は日常的にタクシーを利用する客が多い。特に早朝や都市部の通勤時間帯でタクシー不足は常態化している。

❷夕方の繁忙時間帯での待ち合せ時刻厳守なら、タクシーは予約利用する。アプリ利用ではキャンセルされないよう乗降場所指定に注意。

❸東京・銀座地区や大阪・北新地等では夜間の特定時間帯は指定タクシー乗り場のみ乗車可能。大都市歓楽街（東京・新宿、札幌・すすきの等）では深夜帯限定のタクシー乗り場がある。

より快適な「タクシーの乗り方」⑦
地域差（都心、郊外、地方、過疎地等）に備える

タクシーを快適に使いこなすには、タクシーの「地域差」にも注意しましょう。都会の中心部で流し営業のタクシー利用を常にしている方は、地方に行ってなかなかタクシーが捕まらないことで不便を感じたことがあると思います。地域によってタクシーの営業形態は大きく異なります。

●地方都市では「空車」タクシーが走っていない

札幌や福岡など地域での中心都市を除き、県庁所在地クラスの都市でも、基本的にタクシーは流し営業はしていないのが一般的です。そうした事情を知らないで、大通りにはタクシーが多く走っているので、すぐに捕まると高をくくっていると、通りかかるタクシーがことごとく実車（旅客がすでに乗車中）なことが多くて、時間がなくなってきて焦った経験は地方都市へ初めて出張した方には多いのではないでしょうか。地方のタクシーは効率よい営業のために無線配車が基本なので、空車は営業所や駅などの待機場所に停まっています。そのため市街地のタクシーは実車か迎車、回送が多く、空車

◀JR南柏駅タクシー乗り場（千葉県柏市）
地方都市ではタクシー乗り場か電話での配車がタクシー利用の主流です。

で走行している車両が少ないのです。

●客を乗せないで走行しているタクシーに乗れない事情

走っているタクシーは見かけるのに、「空車」が捕まらないことは、最近のタクシーアプリの普及によって、「迎車」「予約」が増えてきていることも一因です。これ以外には「回送」を表示して走っているタクシーがあります。離れた場所にあるＬＰＧスタンドへの燃料補給や、規定の営業終了時刻が迫り帰庫するなど、色々な事情から乗客を乗せられない状態での走行です。都市部では乗りたい時に限って「回送」のタクシーが目につくものですが、仕方ありません。

●過疎地ではタクシーの廃業が増えてきている

過疎地（いわゆる田舎）では、タクシーそのものが廃業してなくなってしまっている地域があることに注意すべきです。数年前まで営業していたと思っていても、久しぶりに行ってみたらタクシーを呼べないなんてことが、最近は多発しています。遠隔地や過疎地でのタクシー利用が予定されているなら、まずその地域のタクシー会社に電話して配車状況を確認しましょう。

◀予約タクシー（東京都中央区銀座）最近街中で「予約車」が多く目につきます。

●タクシーアプリが威力を発揮する旅行先

知らない土地でタクシーの配車依頼で問題となるのは、検索しても一番近くの電話がつながりやすいタクシー会社がどこかの判断に迷うことです。そんな時には、「GO」のような複数の会社のタクシーから乗りたい場所に空車を手配できる共通型アプリが優れています。ただしアプリでの配車に関して、迎車料金はタクシー会社で異なります。地方では営業地域（＊）とタクシー会社によっては、迎車料金やアプリ手配料がかかりません。「GO」の場合では、アプリのメニューで「タクシー会社」を選んで、都道府県⬇営業地域（交通圏）と進むとタクシー会社毎の迎車料金とアプリ手配料が表示され、その中には無料のタクシー会社の掲載もあります。

●初めて行く施設名は正確な名称と住所を控えておく

大都市ではタクシーの営業地域は広域なので、ドライバーがすべての行先に精通しているわけではありません。またホテルや病院などの施設名は似たようなものが多く間違えやすいので、正確な名称と住所等をメモっておく慎重さが必要です。例えば大学とその付属病院が別の場所にあることはしばしばあり、乗客の思い込みでいい加減な行先を指定され、とんでもない場所に

◀東京医科大学（東京都新宿区）この大学の付属病院は別の場所（西新宿）にあります。

＊：タクシーの営業地域：タクシーには固有の認可された登録地域があり、その地域以外では乗車させることはできません。但し営業地域以外でも乗客の目的地がその車両の登録地域に限って乗車可能となります。

連れて行かれた経験が私にも多数ありました。営業地域外のタクシー（＊）の存在や乗車禁止地区など都会のタクシーの制約も知っておくべき事例です。

まとめ

❶地方は県庁所在地クラスの都会でもタクシーは流し営業はしていないのが一般的。タクシー乗り場も少なく、電話配車依頼が中心。
❷知らない土地でのタクシーの利用は、共通アプリが使えるなら、手間なく空車手配できるアプリが便利。
❸営業地域が広域な大都市では、乗ったタクシーのドライバーがすべての行先に精通しているわけではない。ホテルや病院などの施設名は似たようなものが多く、正確な名称と住所等をメモっておく慎重さが必要。

より快適な「タクシーの乗り方」⑧
乗降場所を選ぶ

ドアツードアで運んでくれるタクシーにも、乗降場所には一定の制限があります。交通法規上での駐停車禁止場所では乗降できません。また安全運行に支障がある場所も問題です。

●駐停車禁止場所でタクシー乗降は不可

交通法規を遵守するタクシードライバーは、交差点やバス停などの駐停車禁止場所では乗客を乗降させません。規則ではこうした駐停車禁止場所から5m以上離れた場所でないと、乗降させられません。交差点手前での急停車は、後続車と追突や渋滞等を誘発しやすいので、交差点近くでタクシー乗車するなら、進行方向に交差点を渡った先で行うのが安全です。

●余地がない小路や行き止まり袋小路での降車

目的地に近い場所で降車したい場合に、ドライバーが応じられない様々な事情が発生します。代表的な例では余地がない小路や行き止まり袋小路での

◀住宅街の道路標識（東京都新宿区）時間帯によっては歩行者しか通行できないので、その時間帯にこの道路ではタクシーの乗降はできません。

降車要請です。夜間に断られるのは事故を起こすリスクが高いからです。

●タクシーに乗りやすい穴場

乗りたい時にタクシーが捕まらないのはマーフィーの法則みたいですが、タクシーアプリの登場で大いに改善されてきています。タクシーが捕まりやすい穴場としては、ドライバーの立ち寄りが多い公衆トイレ付近、街中で駐車スペースのあるコンビニ、深夜営業のカラオケ店付近などです。

●イベント終了後の乗車場所など

人気アーティストのコンサートやプロ野球、花火大会などの各種イベントは多くの人が集まり、タクシーの需要が高まります。一時期にタクシー利用が集中するので、なかなか捕まりません。終了時刻が変動するので予約には不向きな点も難儀です。それでも一番確実なのは、やはりアプリ予約です。予約時刻を超過して待ってもらう場合の待機料金を事前了解の元で予約するのが一番確実な方法です。それがダメなら、少し先まで歩いて会場に向かってくる空車を捕まえるのがベターでしょう。会場近くで待っていてもアプリで予約されている迎車ばかりで、なかなか捕まえられません。

まとめ

❶安全運行に支障がある場所では乗降が禁止されている。

❷余地がない小路や行き止まり袋小路での降車要請は、夜間は安全運行を理由に断られる。

❸各種イベント終了後のタクシー利用で一番便利なのはアプリ予約。終了時間が読めない場合は待機料金了解の連絡を事前に入れておくと確実。

より快適な「タクシーの乗り方」⑨
天候条件（雨、雪、猛暑等）による対処法

悪天候の外出ではタクシーを利用したい方が増えるのは自明です。そうでなくても、都市部では通勤時間帯や夕方は日頃からタクシーが捕まりづらいのですから、なおさらに難しくなります。そんな状況でもタクシーの実情を知っていると、それなりの技を使って幾分スムーズに利用できます。

●雨の日の通勤時間帯の直前予約は困難

朝の通勤時間帯や雨天などタクシーの需要が高まる時間帯や気候条件下では、アプリの利用以前の無線配車の場合でも、応答をドライバーに優先させていない会社もあり、当日予約するのが難しいことが続いていました。アプリになり幾分緩和してきて（＊）はいます。雨天が事前に予測できる場合は、前日予約が確実ですが、これにも台数の制限があります。

●台風・雪などの悪天候

台風などは暴風雨が激しくなると運転自体が危険を伴うので、早々と営業

◀雨天の銀座通り（2024年7月）
急に雨天になるとなかなか空車タクシーは捕まえられなくなります。

＊：「日本版ライドシェア」のバージョンアップ：2024年7月1日より、「日本版ライドシェア」実施地区の内12地区では、前日の天気予報で1時間5㎜以上の降水量が予報される時間帯に「日本版ライドシェア」の車両を使用可能とすることとなりました。また猛暑日にも同じく拡大適用されることが8月より実施される発表がなされました。

を中止し帰庫してしまうドライバーが増え、その分タクシーの稼働も減少します。ドライバーには危険手当などはなく、安全第一の公共交通機関としては運行そのものができない状態では営業を中止するのが穏当な判断だからです。タクシー会社では冬期はスタッドレスタイヤを装備するなど雪に対する準備がしてありますが、降雪などの悪天候では、最近では首都高などでも早々と通行禁止になり、普段通行できる小路でも降雪が問題となり通行を断られます。そうしたことからやむを得ない通勤等の対策としては、近い場所の宿泊施設に前泊し、徒歩で移動するしか手がありません。

●猛暑日は安全確保のために便利なタクシー

猛暑日は、炎天下の屋外では命の危険を感じるほど暑さが強烈です。このような中、直射日光を受けて長く歩くと熱中症にかかるリスクが高まります。そんな時役に立つのはタクシーでの移動です。特に通院予約日をどうしても外せないなどの諸事情で必要な外出には、短距離でもタクシーを使いましょう。最近は初乗り料金も安くなった地域が多くなりました。

まとめ

❶雨の日はだれもがタクシーを利用したく、特に都市部の通勤時間帯はタクシーの取り合いが熾烈。当日配車は見込み薄。「日本版ライドシェア」のアプリ利用が期待される。

❷台風や大雪では営業自体が中止される場合もあり、事前にタクシー会社に問い合わせてタクシーに乗れるかの状況判断が必要。

❸猛暑日は短距離でも積極的なタクシー利用が推奨される。

より快適な「タクシーの乗り方」⑩
予約困難時期（年末年始、連休等）への対処法

だれもが休暇をとる時期（年末年始、お盆、連休など）にタクシーを予約することになり、その期間はタクシーの確保が難しいことに、タクシー会社に電話して初めて気が付くことがありませんか？　このような時期のタクシーの乗り方は、事前準備が必要で普段よりも手間がかかります。

●年末・年始やお盆には休暇を取るタクシードライバーが多い

「盆・暮れ・正月」は昔から国民的な休暇シーズンです。タクシーの世界でも同じで、有給休暇をこの時期に取得する方が増えるので出勤者が減少します。タクシー会社側ではこの期間は特別手当を支給するなどして出勤者の確保に努めますが、普段より大幅に少ない人員での営業になります。そのため予約受付数は限定され、日頃利用実績のあるお得意（毎日一定数以上の業務送迎がある法人客等）以外は、満車を理由に断られるケースが発生します。そういった事情は会社により異なりますので、保有台数の多い会社から順に個別にあたるなどの方法が考えられます。恐らくアプリでも初めから割

◀年末の札幌大通り公園
年末の宴会シーズンは深夜タクシー需要が急増します。

当台数が少ないことは十分予想され、「定数に達しました」と表示され、予約できない可能性があることに注意が必要です。数日前からタクシー会社を直接あたるのが一番確実です。

●連休は時間帯によって予約がむずかしくなる

都市部では連休は業務需要が大きく落ち込む（＊）ことから、休暇を取るドライバーが多くなります。普段でも少ない早朝や深夜はさらに稼働車両が極端に減ります。タクシーアプリの登場で、以前よりも取りやすくなっていますが、連休時期は利用直前では予約が難しいことに変わりありません。

●確実を期すには予約確認番号などを控える

アプリを利用した予約でも、稀にタクシー側の事情によりキャンセルが発生する場合があります。キャンセルのリスクを少なくするには、前日までに予約を行い、予約確認番号を控えた上、可能であれば事前登録カードでの決済を選択することが効果的です。

＊：全国ハイヤー・タクシー連合会の「タクシー需要動向調査」（２０２３年）によると、連休期間中の都市部におけるタクシー需要は、平常時と比べて約20％減少する傾向にあります。ただし、観光地や行楽地では逆に需要が増加するケースも報告されています。

まとめ

❶年末年始、連休といった休暇期間は、都市部ではタクシーの業務需要が減少するので稼働台数が大幅に減少し、空車が捕まえづらい。
❷年末年始・お盆・連休のタクシー予約は、得意客優先で一般客は受付を制限されることがある。
❸年末年始やお盆にタクシー利用は、日時が決まった時点で、会社を多数あたるなどして早めに予約確保するしか対策がない。

あとがき

何十年間もタクシーを頻繁に利用していた私が、はからずもタクシードライバーになったこともあり、以前からタクシーに乗ると乗せるの両サイドからみて、タクシーの諸問題を包括的に整理した「タクシー解説書」を書いてみたいと思っていました。私が東京特別区・武三地域のタクシードライバーとして実務についたのは、3年余の期間でしたが、新型コロナ問題が起きる前であったことは幸運でした。それから後はまた全国各地に旅行することが多くなり、各地でタクシーを利用する立場に戻りました。コロナが下火になってからはまた海外にも出かけることができるようになり、様々な国のタクシーに加え、新しいライドシェアタイプのサービスを利用することが増えました。そうした新しいサービスを体験してみて、日本で起きている「ライドシェア」待望論が的を射た議論にはなっていないことを感じていました。タクシーの安全対策に関する制約を十分に考慮せず、利便性や経済性のみを強調するマスコミ報道には違和感を覚えました。このような報道は、意図的であるかどうかにかかわらず、視聴者の認識に偏りをもたらす可能性があると思います。

そして2023年の秋ごろからは、海外観光客の急増で大都市や人気観光地中心にタクシー不足が社会問題化してきたことを端に、行政サイドが主導して極めて短期間に「日本版ライドシェア」が導入されました。そのこともあって、現場情報を反映した「タクシーの実像と将来像」を整理してみたく本書を企画しました。タクシーの実務から遠ざかって数年のブランクがありましたが、新しいタクシーアプリの登場やジャパンタクシー、支払い手段の多様化などの変化もあり、提供者側の最新情報に関しては昔の仕事仲間やタクシー会社の経営者などに助けてもらい、多角的な情報収集に努めました。特に客商売として行き過ぎた「お客様第一主義」であったタクシーのあり方は、今や曲がり角に来ているのかもしれません。日本ではエッセンシャルワーカーが不足し、社会道徳面ではカスタマーハラスメントが社会問題化してきているように社会環境が変化してきています。米国では無人の自動運転タクシーの実験が始まっています。生成ＡＩの進化など、これからの社会はまた大きな変革期を迎えようとしています。社会構造も急激に変化している日本においては、公共交通の激変が予想されます。それに備えるためには、誰もが乗ったことのある「タクシー」の使い方を考え直してみることも大切なサバイバル術のひとつだと思います。どうか本書を読んで、あなたなりの「タクシーの乗り方」を会得してみてください。

最後に本書の執筆にあたって、交通心理学が専門でご自身も職業ドライバーの経験がある島崎敢先生（近畿大学生物理工学部准教授）に監修していただき、広範にわたり助言を賜りました。ともすれば独断的になりがちな私の分析内容を客観的なものに是正できたことに謝意を表したく思います。

２０２４年10月
東《ひがし》　一《はじめ》

監修を終えて

本書の最大の特徴は、著者が「乗客」と「ドライバー」という、タクシーに関わる両方の立場を経験していることです。かつてタクシーを頻繁に利用し、その後タクシードライバーに転職した著者だからこそ書ける、双方の視点を織り交ぜた独自の知見が随所に散りばめられています。

監修を進める中で、この二面性が本書の随所で活きていることを実感しました。例えば、乗客が気を付けるべきマナーや、効率的な乗車方法といった実用的なアドバイスが、ドライバーの立場からの裏付けとともに提示されています。同時に、ドライバーの仕事の実態や苦労も、利用者の視点を踏まえてわかりやすく解説されています。

この独自の視点により、本書は単なる「タクシーの乗り方マニュアル」を超え、タクシーを介した人と人とのコミュニケーションの在り方を示す、奥深い一冊となっています。読者の皆様が本書を通じて、タクシー利用の新たな側面を発見し、より快適で思いやりのある乗車体験につながることを願っています。

2024年10月
島崎　敢

参考図書・参考情報一覧

参考図書

●「総合研究　日本のタクシー産業　現状と改革に向けての分析」
太田和博・青木亮・後藤孝夫編　２０１７年　慶応義塾大学出版会

●「都内交通案内地図」関東運輸局監修　２０１４年
（公財）東京タクシーセンター

●「タクシードライバー日誌」梁石日　１９８４年　筑摩書房

●「東京タクシードライバー」山田清機　２０１４年　朝日新聞出版

●「タクシー運転手になって人生大逆転」下田大気　２０１４年
ＫＡＤＯＫＡＷＡ

●「コロナ禍を生き抜く　タクシー業界サバイバル」栗田シメイ
２０２１年　扶桑社

●「タクシードライバーぐるぐる日記」内田正治　２０２１年　三五館シンシャ

●「タクシードライバーの思い出」平田信夫　２０２３年　東京図書出版

参考情報（各種資料）

●「Ｔａｘｉ Ｔｏｄａｙ ｉｎ Ｊａｐａｎ ２０２４」
（一般社団法人全国ハイヤー・タクシー連合会）

●「Ｔａｘｉ Ｔｏｄａｙ ｉｎ Ｊａｐａｎ ２０２３」
（一般社団法人全国ハイヤー・タクシー連合会）

●「Ｔａｘｉ Ｔｏｄａｙ ｉｎ Ｊａｐａｎ ２０２２」
（一般社団法人全国ハイヤー・タクシー連合会）

●東京のタクシー２０２４「Ｔａｘｉ ｏｆ Ｔｏｋｙｏ」
（一般社団法人東京ハイヤー・タクシー協会）

●東京のタクシー２０２３「Ｔａｘｉ ｏｆ Ｔｏｋｙｏ」
（一般社団法人東京ハイヤー・タクシー協会）

●東京のタクシー２０２２「Ｔａｘｉ ｏｆ Ｔｏｋｙｏ」
（一般社団法人東京ハイヤー・タクシー協会）

●「タクシー運転手の現状と タクシーに関する事故データ」
（２０２３年11月13日、川邊健太郎、内閣府資料）

●ＴＤＢ Ｂｕｓｉｎｅｓｓ Ｖｉｅｗ「タクシー業の倒産動向」
（２０２４年４月３日　帝国データバンク情報統括部）

●「ＴＳＲデータインサイト」（２０２３年２月４日 東京商工リサーチ）

●「日本版ライドシェア」に関する調査」（２０２４年７月ＭＭ総研）

●「日本版ライドシェア」稼働状況資料」（２０２４年８月18日 国交省）

●「２０２３年度（第32回）タクシーに関するアンケート調査結果」
（一般社団法人東京ハイヤー・タクシー協会）

●国土交通政策研究 第１４８号「運輸分野における個人の財・サービス
の仲介ビジネスに係る 国際的な動向・問題点等に関する調査研究」
（２０１８ 年６月 国土交通省 国土交通政策研究所）

●「規制改革推進に関する中間答申関連資料集抜粋」
（２０２３年12月26日、国交省）

●「運転免許統計 令和４年版」（警察庁交通局運転免許課）

●「道路運送法第78条第３号にもとづく「新たな仕組み」に対する 連合
の考え方」（日本労働組合総連合会）

●「自家用車活用事業の パブリックコメントの状況及び制度案」
（２０２４年３月13日 国交省　物流・自動車局）

●「国土交通政策研究所報第65号２０１７年夏季」（国交省）

●「交通政策審議会陸上交通分科会 第１回自動車部会提出資料」
（２０２４年１月　全自交労連）

●「諸外国における ライドシェア法制と 安全確保への取り組み」
（２０２３年11月６日 Ｕｂｅｒ Ｊａｐａｎ株式会社）

●「旅客自動車運送事業運輸規則第22条第１項及び第２項の規定による
指定地域及び乗務距離の最高限度の定めについて」（関東運輸局長公示）

●「訪日外国人消費動向調査」２０１９年（観光庁）

●「タクシー需要動向調査」２０２２年
（一般社団法人全国ハイヤー・タクシー連合会）

参考情報（WEBサイト）

RSK山陽放送
RKBオンライン
RCC中国放送
RBC琉球放送
IT Medea ビジネス ONLINE
愛のタクシーチケット株式会社
青森県タクシー協会
青森放送NEWS（NNN）
朝日新聞DIGITAL
アサヒタクシー株式会社
旭タクシー株式会社
@DIME
アップルキャブ
AMP News
アルピコタクシー株式会社
茨城新聞クロスアイ
Impress Watch
VAGUE
WEB CARTOP（交通タイムス社）
Web担当者Forum
Web東奥
Uber Japan
AFP BB News
ABA青森朝日放送
abn長野朝日放送
ATV青森テレビ
ABCニュース（関西ニュース）
SKタクシー
STV札幌テレビ
SBC信越放送
S.RIDE株式会社
NRI JOURNAL
NiB長崎国際テレビ
NHK NEWS WEB
NK交通
NPO法人日本福祉タクシー協会
FNNプライムオンライン
MBSNEWS
MKグループ
遠鉄タクシー株式会社
OHK岡山放送
AUTOCAR JAPAN
All About ニュース
沖東交通グループ
おくたま経済新聞
CARS MEET WEB
Car Me
介護タクシー案内所
加賀市
カスタメディア
勝山自動車自動車株式会社
株式会社トラン
株式会社NearMe
株式会社日タクホールディングス
株式会社日本タクシー
神奈川新聞
神奈中タクシー株式会社
Gigazine
GIZMODO
共同通信
熊本日日新聞
車いす乗車を考える会（公式サイト）
くるまのニュース
KSB瀬戸内海放送
khb東日本放送
ケイカン交通株式会社
kkt! 熊本県民テレビ
幻冬舎plus
厚生労働省
Go株式会社
講談社ホームページ
国際自動車グループ
国土交通省
財界ONLINE
THE OWNER
SAGA TV（2024年3月26日）
The GOLD60
The GOLD ONLINE
佐世保ラッキーグループ
産経新聞
三和交通株式会社
CNN.co.jp
CNET Japan
CBC Web
CBCラジオ#プラス!
J-CAST ニュース Biz
JB Press
資産形成ゴールドオンライン
JIJI.COM
自動運転LAB
集英社オンライン
Shufuseシュフーズ
女性自身
ZUU online
スポーツ報知
スマートモビリティJP
Seizo Trend
仙台無線タクシー協同組合
創業手帳
相互タクシー株式会社
総務省

Diamond Online
第一交通産業グループ
大和自動車交通株式会社
高岡交通株式会社
タウンニュース
チバテレプラス
千葉日報
中日新聞
中央タクシー株式会社
チューリップテレビ
つくば観光交通
つばめタクシーグループ
TBS NEWS DIG
tbc東北放送
DiDiモビリティジャパン㈱
dmenuマネー
帝都自動車交通
デイリー新潮
TYSテレビ山口
テレ朝News
テレ東BIZ
テレ東プラス+
テレビ愛知AICHI NEWS
テレビ長崎
東海テレビ
Tokyofm Plus
東京新聞TOKYO Web
東京無線タクシー
東都タクシー
東洋経済ONLINE
トラベルWatch
TRiP EDiTOR
トリパ（日本旅行）
内閣府
名古屋鉄道
にいがた経済新聞
日刊ゲンダイDIGITAL
日刊SPA!
日刊スポーツ
日経X-TECH
日経クロストレンド
日経ビジネス
日個連東京都営業協同組合
日テレNEWS（NNN）
日本経済新聞
日本交通株式会社
日本農業新聞
日本バス協会
ニュースイッチ（日刊工業新聞）
ニューズウィーク日本版
NEWSポストセブン
ねこちゃんほんぽ
乗りものニュース
PAI-R（株式会社パイ・アール）
ハフポスト日本版
阪急タクシー
万代タクシー
PR TIMES
BSS山陰放送
BDS REPORT Web
Business Journal
ビジネス+IT
BizZine
日の丸交通株式会社
ファイナンシャルフィールド
Foresight新潮社
Forbes JAPAN
PRESIDENT Online
文化放送
文春オンライン
ベストカーWeb
弁護士JPニュース
北海道新聞デジタル
Hint-Pot
まいどなニュース
マイナビニュース
毎日新聞
my best（株式会社マイベスト）
mymo（i-bank）
まきタクシー
マネーの達人
マネーポストWEB
南日本新聞373news.com
宮児タクシーグループ
ミヤテレNEWSミヤギテレビ
Merkmal
Motor Fan
YAHOO! JAPANニュース
UX新潟テレビ21
読売新聞オンライン
LIGARE（自動車新聞社）
りふり
両備タクシーセンター
レスポンス（株式会社イード）
Reuters
ロボスタ
WIRED
WirelessWire News

お問い合わせ先
〒277-0074
千葉県柏市今谷上町19-22
スタートナウ合同会社 「アプリ時代のタクシーの乗り方」質問係

Special Thanks to: 加藤和伸、中島靖人、蛭間秀行

アプリ時代のタクシーの乗り方

2024年11月26日初版第1刷発行

著　者　東一　©2024 Hajime Higashi
監　修　島崎　敢
発行人　櫻井雅英
発行所　〒277-0074　千葉県柏市今谷上町19-22　スタートナウ合同会社
発売元　〒162-0811　東京都新宿区水道町2-15　株式会社パワー社
デザイン　ELABORATE Designer／新井友
印刷・製本　新灯印刷株式会社

ISBN978-4-8277-1364-0 C0033 Printed in Japan